DEN SNABBA FIX KASSEROLKOKBOKEN

100 enkla recept för utsökt komfortmat

Lena Löfgren

Copyright Material ©2024

Alla rättigheter förbehållna

Ingen del av denna bok får användas eller överföras i någon form eller på något sätt utan korrekt skriftligt medgivande från utgivaren och upphovsrättsinnehavaren, förutom korta citat som används i en recension. Den här boken bör inte betraktas som en ersättning för medicinsk, juridisk eller annan professionell rådgivning.

INNEHÅLLSFÖRTECKNING

INNEHÅLLSFÖRTECKNING 3
INTRODUKTION 6
ÄGGKRYTOR 7
   1. Sparris – engelsk muffinsbakning 8
   2. Bakade frukostburritos 10
   3. Äggröra Och Skinka Pizza 12
   4. Bacon och ägg gryta 14
   5. Korv–Hash Brun Frukostbaka 16
   6. Sydvästra ägg 18
   7. Körsbärsbär Havregryn 20
   8. Omelettbrunch 22
   9. Crescent, Hash Brun och Korvbaka 24
   10. Russin Fattiga riddareGryta 26
   11. Spenat Frittata 28
   12. Schweizisk korvgryta 30
   13. Kanel russinrulle gryta 32
   14. Äppelfritter Croissant Baka 34
   15. Fattiga riddareBaka av blåbär 36
   16. Basic Fattiga riddareGryta 38

FJÄDERFÄKRYTOR 40
   17. Broccoli kycklinggryta 41
   18. Cashew kyckling 43
   19. Ostaktig kyckling 45
   20. Tortilla Chip Enchiladas 47
   21. Majsbröd Kycklinggryta 49
   22. Familjevänliga kycklingenchiladas 51
   23. Fiesta kycklinggryta 53
   24. Söt Lemony Kycklinggryta 55
   25. Mango kycklinggryta 57
   26. Vallmofrögryta 59
   27. Ananaskycklinggryta 61
   28. Kyckling Sydvästern Roll-Ups 63
   29. schweizisk kyckling 65
   30. Kalkon Och Potatis Bakar 67
   31. Teriyaki kyckling 69
   32. Vild Ris Och Kyckling 71
   33. Basilika kycklinggryta 73
   34. Efter Tacksägelse Gryta 75

35. TURKIET TORTILLA GRYTA 77
36. TURKETTI 79
37. FYLLNING OCH KALKONGRYTA 81
38. TURKIET DIVAN 83

GRÖNTSKAPLIGA GRYTOR 85
39. SPARRISGRYTA 86
40. CHUNKY VEGGIE GRYTA 88
41. MOZZARELLAPOTATISGRYTA 90
42. KRÄMIG SPENATGRYTA 92
43. MEXIKANSK PIZZAGRYTA 94
44. SÖT LÖKGRYTA 96
45. VEGGIE SHEPHERD'S PÅ 98
46. GRÖNSAKSFYLLNINGSGRYTA 100
47. BAKAD OSTLIK ZUCCHINI 102

BÄLJÄN- OCH BÖNKRYTOR 104
48. STAPLAD SVART BÖNATORTILLA PÅ 105
49. GRÖNA BÖNOR 107
50. INDIANA MAJSÄLSKARE GRYTA 109
51. HOMINY GRYTA 111

RIS OCH NUDELKRYTOR 113
52. NUDELPUDDINGGRYTA 114
53. TORSKPASTAGRYTA 116
54. KALKONNUDELGRYTA 119
55. SKALDJURSPASTA GRYTA 121
56. RIS OCH GRÖN CHILE GRYTA 123
57. FISK OCH OSTIG PASTA GRYTA 125
58. ROTINI BAKA 127
59. CHEDDAR SKINKA NUDELGRYTA 129
60. ITALIENSK MAKARONBAKA 131
61. BAKAD RAVIOLI ALFREDO 133

FLÄSKGRYTOR 135
62. KORV SPAGHETTI GRYTA 136
63. KANADENSISK BACON PIZZA BAKA 138
64. BROCCOLI OCH SKINKA POTPÅ 140
65. PIZZAGRYTA I CHICAGO-STIL 142
66. COUNTRY BROCCOLI, OST OCH SKINKA 144
67. SCHWEIZISK OST FLÄSKKOTLETTER 146
68. HASH BRUN HIMMEL 148
69. JAMBALAYA 150
70. APELSIN RIS OCH FLÄSKKOTLETTER 152
71. KORV PEPPERONI GRYTA 154

NÖTKÖTTKRYTTER 156
72. BEEF POTPÅ 157

73. Majsbröd På Chili 159
74. Enchilada gryta 161
75. Gräddost Enchiladas 163
76. Chilighetti 165
77. Djup skålTacos 167
78. Cowboy gryta 169
79. Otrolig Cheeseburger På 171
80. Kött Och Potatisgryta 173
81. Köttbullegryta 175
82. Lök Ring Grill Baka 177
83. Sloppy Joe På Gryta 179
84. Sydväst Gryta 181
85. Tater Tot gryta 183

FISK- OCH SKJUDSGRYTOR 185
86. Tonfisk–Tater Tot gryta 186
87. Traditionell tonfiskgryta 188
88. Senap Lax gryta 190
89. Laxmiddagsgryta 192
90. Bayou skaldjursgryta 194
91. Krämig skaldjursgryta 196
92. Hälleflundragryta 198
93. Bakad Sole & Spenat gryta 200
94. Majs & Fish Stick gryta 203
95. Ostrongryta 205
96. Räkkreolsk gryta 208
97. Skaldjursgratänggryta 210

SÖTA GRYTOR 212
98. Jordgubbsmördegskaka 213
99. Chokladbit Bananpannkaksgryta 215
100. Smores gryta 217

SLUTSATS 219

INTRODUKTION

Välkommen till " Den Snabba Fix Kasserolkokboken." Grytor är symbolen för komfortmat, som erbjuder värme, smak och en känsla av hem i varje tugga. I den här kokboken bjuder vi in dig att upptäcka glädjen i enkla och tillfredsställande måltider med en samling av 100 aptitretande grytarecept utformade för att förenkla din tid i köket och samtidigt glädja dina smaklökar.

Grytor är älskade för sin mångsidighet, enkelhet och förmåga att mata en publik med minimal ansträngning. Oavsett om du lagar mat för en hektisk veckodagsmiddag, en grymma sammankomst eller bara är sugen på en tröstande måltid efter en lång dag, hittar du inspiration och bekvämlighet på dessa sidor. Från klassiska favoriter som makaroner och ost och nötköttstroganoff till innovativa vändningar på traditionella recept, det finns en gryta för varje tillfälle och varje smak.

Varje recept i denna kokbok är noggrant utformad för att säkerställa maximal smak med minimalt krångel. Med enkla instruktioner, vanliga ingredienser och användbara tips för förberedelse och förvaring av måltider, kommer du att kunna piska ihop en läcker gryta med lätthet, även under de mest hektiska dagar. Oavsett om du är en erfaren husmanskock eller nybörjare i köket, hittar du massor av alternativ för att tillfredsställa dina begär och förenkla din måltidsrutin.

Så, ta din gryta, förvärm ugnen och gör dig redo att njuta av den tröstande godheten i " Den Snabba Fix Kasserolkokboken ". Med sina oemotståndliga recept och praktiska förhållningssätt till matlagning kommer denna kokbok säkerligen att bli en stapelvara i ditt kök i många år framöver.

ÄGGKRYTOR

1. Sparris – engelsk muffinsbakning

INGREDIENSER:
- 1 pund färsk sparris, skuren i 1-tums bitar
- 5 engelska muffins, delade och rostade
- 2 dl riven Colby Jack ost, delad
- 1 ½ dl tärnad färdigkokt skinka
- ½ dl hackad röd paprika
- 8 ägg, vispade
- 2 dl mjölk
- 1 tsk salt
- 1 tsk torr senap
- ½ tsk svartpeppar

INSTRUKTIONER:
a) Koka sparrisbitarna i en 4-liters kastrull i 1 minut. Häll av och lägg i en stor skål med isvatten för att stoppa tillagningsprocessen. Låt rinna av och torka sparrisen med hushållspapper.
b) Placera engelska muffinshalvor, med snittsidan uppåt, för att bilda en skorpa i en smord 9x13-tums panna. Skär muffinsen för att fylla de tomma utrymmena i pannan efter behov. Varva sparris, hälften av osten, skinka och paprika över muffinsen.
c) Vispa ägg, mjölk, salt, torr senap och peppar i en stor skål. Häll äggblandningen jämnt över muffinsen. Täck över och kyl i 2 timmar eller över natten. Ta ut ur kylen innan du förvärmer ugnen till 375 grader. Grädda 40–45 minuter, eller tills den stelnat i mitten. Strö genast resterande ost över toppen och servera.

2. Bakade frukostburritos

INGREDIENSER:
- 12 ägg
- ¾ kopp tjock salsa
- 10 medelstora mjöltortillas
- 4-ounce burk hackad grön chili
- 1 dl riven cheddarost

INSTRUKTIONER:
a) Värm ugnen till 350 grader.
b) I en stekpanna, rör ihop ägg och salsa tills det är fast men inte torrt. Värm tortillorna i mikron tills de är mjuka. Lägg en sked äggröra i mitten av varje tortilla.
c) Rulla ihop tortilla och lägg i en smord 9x13-tums panna.
d) Strö över grön chili och ost.
e) Täck och grädda 15 minuter.

3.Äggröra Och Skinka Pizza

INGREDIENSER:
- 1 tub (13,8 ounces) kyld pizzadeg
- 8 ägg
- 2 msk mjölk
- salt och peppar efter smak
- 1-½ koppar färdigkokt skinka i tärningar
- 1 dl riven cheddarost

INSTRUKTIONER:
a) Värm ugnen till 400 grader.
b) Sprid pizzaskorpsdeg längs botten och halvvägs upp på sidorna av en smord 9x13-tums panna. Grädda 8 minuter.
c) I en stekpanna, rör ihop och koka ägg och mjölk tills det är fast men inte torrt. Krydda med salt och peppar.
d) Fördela äggröra över den heta skorpan. Lägg skinka och ost jämnt över äggen.
e) Grädda 8–12 minuter, eller tills skorpan är gyllenbrun och osten smält.

4.Bacon och ägg gryta

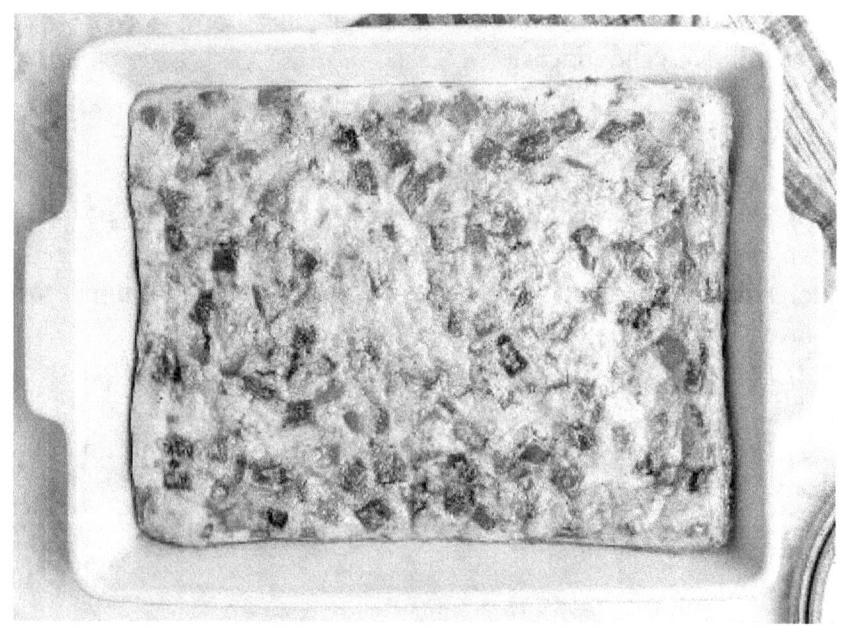

INGREDIENSER:
- 12 ägg
- 1 dl mjölk
- 1 kopp riven Monterey Jack ost, delad
- 1 pund bacon, kokt och smulad
- 1 knippe salladslök, hackad

INSTRUKTIONER:
a) Värm ugnen till 325 grader.
b) Vispa ägg, mjölk och hälften av osten i en skål. Rör ner bacon och lök. Häll blandningen i en smord 9x13-tums panna.
c) Täck över och koka 45 – 55 minuter, eller tills äggen stelnat.
d) Toppa genast med resterande ost och servera.

5.Korv–Hash Brun Frukostbaka

INGREDIENSER:
- 3-½ koppar frysta strimlade hash bruns
- 1 pund korv, brynt och avrunnen
- 1 dl riven cheddarost
- 6 ägg, vispade
- ¾ kopp mjölk
- 1 tsk torr senap
- ½ tsk salt
- ½ tsk svartpeppar

INSTRUKTIONER:
a) Sprid hash bruns i botten av en smord 9x13-tums panna. Strö över kokt korv och ost.
b) I en skål, kombinera ägg, mjölk, torr senap, salt och peppar. Häll äggblandningen jämnt över korven och hash bruns. Täck över och kyl i 2 timmar eller över natten.
c) Ta ut ur kylen 20 minuter före gräddning och förvärm ugnen till 350 grader. Täck och grädda 30 minuter. Avtäck och grädda 5–8 minuter till, eller tills mitten har stelnat.

6.Sydvästra ägg

INGREDIENSER:
- 12 ägg
- ½ kopp mjölk
- 2 burkar (4 uns vardera) hackad grön chili
- ½ dl hackad röd paprika
- 1 dl riven cheddarost
- 1 dl riven Monterey Jack ost

INSTRUKTIONER:

a) Värm ugnen till 350 grader.

b) Vispa ägg och mjölk i en skål. Avsätta.

c) I en smord 9x13-tums panna, lager chili, paprika och ost. Häll äggblandningen över toppen.

d) Täck över och grädda 30–40 minuter, eller tills äggen stelnat i mitten.

7.Körsbärsbär Havregryn

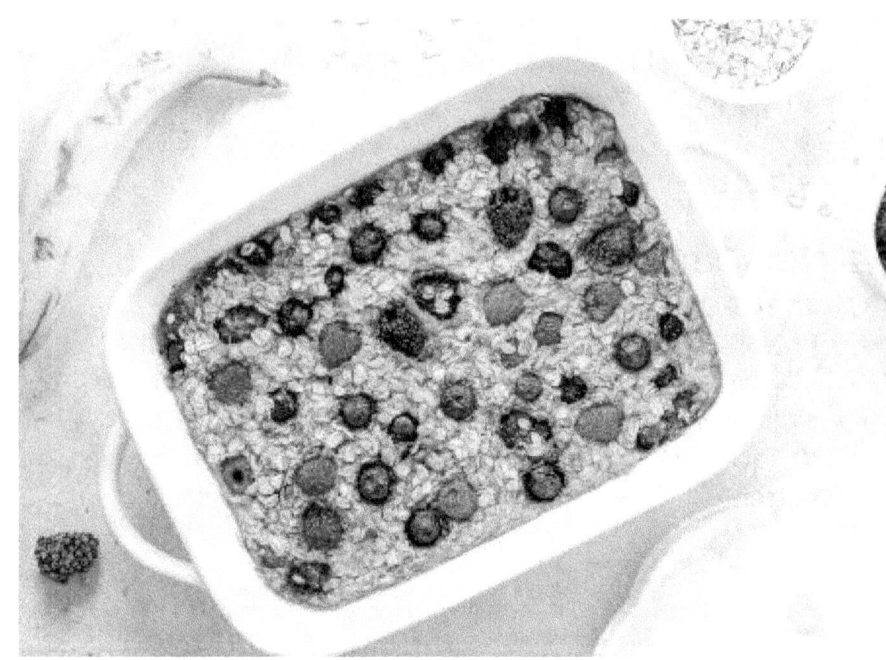

INGREDIENSER:
- 2 dl torrvalsad havre
- ½ kopp plus 2 msk. ljust farinsocker
- 1 tsk bakpulver
- 1 tsk mald kanel
- ½ tsk salt
- ½ kopp torkade körsbär
- ½ kopp färska eller tinade frysta blåbär
- ¼ kopp rostade mandlar
- 1 dl helmjölk
- 1 kopp halv och halv grädde
- 1 ägg
- 2 msk. smält osaltat smör
- 1 tsk vaniljextrakt

INSTRUKTIONER:
a) Värm ugnen till 375°. Spraya en 8" fyrkantig bakpanna med non-stick matlagningsspray.
b) Tillsätt havre, ½ kopp farinsocker, bakpulver, kanel, salt, körsbär, ¼ kopp blåbär och ⅛ kopp mandel i en mixerskål. Rör om tills det blandas och bred ut i bakformen.
c) Strö ¼ kopp blåbär och ⅛ kopp mandel över toppen.
d) Tillsätt mjölk, halv och halv grädde, ägg, smör och vaniljextrakt i en mixerskål. Vispa tills det blandas och häll över toppen av grytan. Rör inte om. Strö 2 msk farinsocker över toppen.
e) Grädda i 30 minuter eller tills grytan stelnat och havregrynen är mjuka. Ta ut ur ugnen och låt grytan vila i 5 minuter innan servering.

8.Omelettbrunch

INGREDIENSER:
- 18 ägg
- 1 kopp gräddfil
- 1 dl mjölk
- 1 tsk salt
- ¼ kopp hackad salladslök
- 1 dl riven cheddarost

INSTRUKTIONER:

a) Värm ugnen till 325 grader.

b) Vispa ägg, gräddfil, mjölk och salt i en stor skål. Vänd ner salladslöken. Häll blandningen i en smord 9x13-tums panna. Grädda 45–55 minuter, eller tills äggen stelnat.

c) Strö genast ost över toppen och skär i rutor före servering.

9. Crescent, Hash Brun och Korvbaka

INGREDIENSER:
- 8 ounces tub kyld halvmånerulldeg
- 10,4 uns korvlänkar, brynta, avrunna och skivade
- 1 kopp fryst strimlad hash bruns
- 1 ½ dl riven cheddarost
- 5 ägg
- ⅓ kopp mjölk
- salt och peppar efter smak

INSTRUKTIONER:
a) Värm ugnen till 375 grader.
b) Rulla ut halvmånar och tryck ut degen över botten och upp på sidorna av en 12-tums rund pizzapanna.
c) Strö korv, hash bruns och ost över degen.
d) Vispa ägg, mjölk, salt och peppar i en skål med en gaffel. Häll äggblandningen över degen.
e) Grädda 30 minuter.
f) Servera klyftor med färsk salsa.

10.Russin Fattiga riddareGryta

INGREDIENSER:
- 1 limpa (24 ounces) kanelrussinbröd, i tärningar
- 6 ägg, lätt vispade
- 3 dl mjölk
- 2 tsk vanilj
- florsocker

INSTRUKTIONER:
a) Placera brödtärningar i en smord 9x13-tums panna.
b) Vispa ägg, mjölk och vanilj i en skål. Häll äggblandningen jämnt över brödet. Täck över och kyl i 2 timmar eller över natten.
c) Ta ut ur kylen 20 minuter före gräddning och förvärm ugnen till 350 grader.
d) Grädda, utan lock, 45–50 minuter, eller tills de är gyllenbruna.
e) Strö strösocker över toppen. Servera med lönnsirap.

11.Spenat Frittata

INGREDIENSER:
- 4 ägg
- 1 ½ dl mjölk
- ½ tsk salt
- 1 paket (10 uns) fryst spenat, tinad och avrunnen
- ¾ kopp riven cheddar eller schweizisk ost

INSTRUKTIONER:
a) Värm ugnen till 400 grader.
b) Vispa ihop ägg, mjölk och salt i en skål. Häll blandningen i en smord 8x8-tums panna. Bred spenat över äggblandningen. Grädda 17–22 minuter, eller tills äggen stelnat. Strö ost över toppen.

12.Schweizisk korvgryta

INGREDIENSER:
- 10 skivor vitt bröd, i tärningar
- 1 pund kryddig korv, brynt och avrunnen
- 4-ounce burk skivad svamp, avrunnen
- ¾ kopp riven cheddarost
- 1 ½ dl riven schweizerost
- 8 ägg, vispade
- 2 koppar halv och halv
- 2 dl mjölk
- 1 tsk salt
- 1 tsk svartpeppar

INSTRUKTIONER:
a) Placera brödtärningar i en smord 9x13-tums panna. Smula den kokta korven över brödet. Lägg svampen jämnt över korven och strö ostarna över.
b) Blanda ägg, halv-och-halva, mjölk, salt och peppar i en stor skål. Häll äggblandningen jämnt över osten. Täck över och kyl i 2 timmar eller över natten.
c) Ta ut ur kylen 20 minuter före gräddning och förvärm ugnen till 350 grader. Täck och grädda 30 minuter. Avtäck och grädda 15–20 minuter till.

13. Kanel russinrulle gryta

INGREDIENSER:
- 2 burkar kylda kanelbullar, 12 uns storlek
- ¼ kopp ljust farinsocker
- 1 dl russin
- 4 ägg
- ½ kopp tung grädde
- 2 msk. lönnsirap
- 2 ½ tsk vaniljextrakt
- 1 tsk mald kanel
- 4 uns färskost, mjukad
- 1 kopp strösocker
- 4 msk. osaltat smör, mjukat

INSTRUKTIONER:
a) Värm ugnen till 350°. Spraya en 10-tums pajform med non-stick matlagningsspray. Ta bort kanelbullarna från burken.

b) Lägg hälften av kanelbullarna i pajformen. Strö 2 msk farinsocker och ½ kopp russin över kanelbullarna.

c) Tillsätt ägg, grädde, lönnsirap, 2 tsk vaniljextrakt och kanel i en mixerskål. Vispa tills det blandas och häll över kanelbullarna i pajformen. Lägg resterande kanelbullar ovanpå. Strö över det återstående farinsockret och ½ kopp russin över toppen.

d) Grädda i 30 minuter eller tills grytan stelnat och kanelrullarna gyllenbruna.

e) Ta bort från ugnen. Tillsätt färskost, strösocker, smör och ½ tsk vaniljextrakt i en mixerskål.

f) Vispa tills den är slät och blandad. Bred ut över rullarna och servera.

14.Äppelfritter Croissant Baka

INGREDIENSER:

- 6 msk. osaltat smör
- ½ kopp ljust farinsocker
- 3 Granny Smith-äpplen, urkärnade och tärnade
- 3 Fuji-äpplen, kärnade och tärnade
- ½ kopp plus 1 msk. äppelmos
- 1 tsk majsstärkelse
- 6 stora croissanter i tärningar
- ½ kopp tung grädde
- 3 vispade ägg
- 1 tsk vaniljextrakt
- ¼ tesked äppelpajskrydda
- ½ kopp strösocker

INSTRUKTIONER:

a) Värm ugnen till 375°. Spraya en 9 x 13 bakplåt med non-stick matlagningsspray. Tillsätt smöret i en stor stekpanna på medelvärme. När smöret smält, tillsätt farinsockret. Rör om tills farinsockret löst sig.

b) Tillsätt äpplena i stekpannan. Rör om tills det blandas. Koka i 6 minuter eller tills äpplena mjuknat. Tillsätt 1 msk äppelsmör och maizena i stekpannan. Rör om tills det blandas. Ta av stekpannan från värmen.

c) Bred ut croissanttärningarna i bakformen. Häll äpplena över toppen. Tillsätt den tunga grädden, äggen, vaniljextraktet, äppelpajskryddan och ½ kopp äppelsmör i en mixerskål. Vispa tills det blandas och häll över toppen av grytan.

d) Se till att croissanttärningarna är belagda med vätskan.

e) Grädda i 25 minuter eller tills grytan stelnat i mitten.

f) Ta ut ur ugnen och strö strösocker över toppen. Servera varm.

15. Fattiga riddareBaka av blåbär

INGREDIENSER:
- 12 skivor daggamalt franskt bröd, 1" tjocka
- 5 uppvispade ägg
- 2 ½ dl helmjölk
- 1 kopp ljust farinsocker
- 1 tsk vaniljextrakt
- ½ tesked mald muskotnöt
- 1 dl hackade pekannötter
- ¼ kopp smält osaltat smör
- 2 dl färska eller frysta blåbär

INSTRUKTIONER:
a) Spraya en 9 x 13 bakplåt med non-stick matlagningsspray. Lägg brödskivorna i bakformen. Tillsätt ägg, mjölk, ¾ kopp farinsocker, vaniljextrakt och muskot i en mixerskål.

b) Vispa tills det blandas och häll över brödet. Täck pannan med plastfolie. Kyl minst 8 timmar men inte mer än 10 timmar. Ta bort kastrullen från kylen och ta bort plastfolien från pannan.

c) Låt grytan stå i rumstemperatur i 30 minuter. Värm ugnen till 400°. Strö pekannötterna över toppen av grytan. Tillsätt ¼ kopp farinsocker och smöret i en liten skål. Rör om tills det blandas och strö över toppen av grytan.

d) Grädda i 25 minuter. Strö över blåbären på toppen av grytan.

e) Grädda i 10 minuter eller tills en kniv som sticks in i mitten av grytan kommer ut ren. Ta ut ur ugnen och servera.

16. Basic Fattiga riddareGryta

INGREDIENSER:
- 1 kopp ljust farinsocker
- ½ kopp osaltat smör
- 2 koppar lätt majssirap
- 16 uns limpa franskt bröd, skivat
- 5 uppvispade ägg
- 1 ½ dl helmjölk
- Pudersocker efter smak

INSTRUKTIONER:
a) Spraya lätt en 9 x 13 bakplåt med non-stick matlagningsspray. I en kastrull på låg värme, tillsätt farinsocker, smör och majssirap.
b) Rör om tills det blandas och koka endast tills alla ingredienser har smält. Ta kastrullen från värmen och häll i bakformen.
c) Lägg franskbrödsskivorna över sirapen. Du får inte använda alla brödskivorna. Skär brödskivorna så att de passar om det behövs. Tillsätt ägg och mjölk i en mixerskål. Vispa tills det blandas och häll över brödskivorna. Täck pannan med plastfolie. Kyl minst 8 timmar men inte mer än 12 timmar.
d) Ta bort pannan från kylen. Ta bort plastfolien och låt grytan stå i rumstemperatur i 30 minuter. Värm ugnen till 350°.
e) Grädda i 20-30 minuter eller tills grytan stelnat och ljust gyllenbrun.
f) Ta ut ur ugnen och strö strösocker efter smak över toppen.

FJÄDERFÄKRYTOR

17.Broccoli kycklinggryta

INGREDIENSER:
- 2 dl hackad kokt kyckling
- 1 burk (10,75 ounces) grädde svampsoppa, kondenserad
- ¼ kopp mjölk
- ¾ kopp riven Monterey Jack ost
- 1 paket (10 uns) fryst broccoli, tinad
- ½ kopp salladslök, skivad
- ½ tsk svartpeppar

INSTRUKTIONER:
a) Värm ugnen till 350 grader.
b) Blanda alla ingredienser i en stor skål. Fördela blandningen i en smord 9x13-tums panna.
c) Grädda 35–40 minuter, eller tills det är bubbligt.

18. Cashew kyckling

INGREDIENSER:
- 1 paket (6,2 uns) stekt ris, med kryddpaket
- 2 koppar vatten
- 2 benfria, skinnfria kycklingbröst, kokta och i tärningar
- ½ dl skivad selleri
- 4-ounce burk vattenkastanjer, dränerad
- ⅔ kopp cashewnötter

INSTRUKTIONER:
a) Värm ugnen till 350 grader.
b) I en skål, kombinera ris, kryddpaket och vatten.
c) Varva kyckling, risblandning, selleri och vattenkastanjer i en smord 9x9-tums panna. Täck över och grädda 30–40 minuter, eller tills riset är klart.
d) Strö över cashewnötter.

19.Ostaktig kyckling

INGREDIENSER:
- 4 till 6 benfria, skinnfria kycklingbröst
- 1 kartong (16 uns) gräddfil
- 1 burk (10,75 ounces) gräddsellerisoppa, kondenserad
- 1 burk (10,75 ounces) grädde kycklingsoppa, kondenserad
- 1 ¼ koppar vatten
- 2 dl okokt vitt ris
- 1 dl riven cheddarost

INSTRUKTIONER:
a) Värm ugnen till 325 grader.
b) Placera kycklingen i en smord 9x13-tums panna.
c) I en skål, kombinera gräddfil, soppor, vatten och okokt ris. Häll över kycklingen. Täck och grädda 1 timme.
d) Strö över ost direkt före servering.

20. Tortilla Chip Enchiladas

INGREDIENSER:
- 2 dl hackad kokt kyckling
- 2 burkar (10,75 uns vardera) grädde av kycklingsoppa, kondenserad
- 1 kopp gräddfil
- ¼ kopp hackad lök
- 1 påse (12 uns) tortillachips, krossade i påse
- 1 dl riven Monterey Jack ost
- ½ kopp salsa

INSTRUKTIONER:
a) Värm ugnen till 350 grader.
b) Kombinera kyckling, soppa, gräddfil och lök i en stor skål.
c) I en smord 9x13-tums panna, skikt hälften av chipsen och hälften av soppblandningen. Upprepa lager.
d) Toppa med ost och grädda i 30 minuter. Servera med salsa.

21. Majsbröd Kycklinggryta

INGREDIENSER:
- 4 dl okokta äggnudlar
- 3 dl hackad kokt kyckling
- 2 burkar (10,75 uns vardera) gräddsellerisoppa, kondenserad
- 1 burk (15 ounces) majs i krämstil
- 2 dl riven cheddarost
- 1 paket majsbrödblandning (8x8-tums pannstorlek)

INSTRUKTIONER:

a) Värm ugnen till 350 grader.

b) Koka nudlar 5–7 minuter, eller tills de är kokta. Låt rinna av och blanda med kyckling, soppa, majs och ost. Häll nudelblandningen i en smord 9x13-tums panna.

c) I en skål, kombinera majsbrödblandning med ingredienserna som anges på förpackningen. Häll majsbrödssmeten över nudelblandningen.

d) Grädda 25–30 minuter, eller tills majsbrödets topp är gyllenbrun.

22. Familjevänliga kycklingenchiladas

INGREDIENSER:
- 3 koppar tillagad och strimlad kyckling
- 2 burkar (10,75 uns vardera) grädde av kycklingsoppa, kondenserad
- 1 kopp gräddfil
- 4-ounce burk tärnad grön chili, avrunnen
- ¼ kopp torkad hackad lök
- 2 ½ dl riven cheddarost, delad
- 10 medelstora mjöltortillas
- ⅓ kopp mjölk

INSTRUKTIONER:
a) Värm ugnen till 350 grader.
b) Kombinera kyckling, 1 burk soppa, gräddfil, chili, lök och 1 ½ dl ost. Fyll tortillas med ⅓ till ½ kopp kycklingblandning.
c) Rulla fyllda tortillas och lägg med sömmen nedåt i en smord 9x13-tums panna.
d) Blanda resten av soppan med mjölk och fördela över tortillarullarna. Strö över resten av osten.
e) Täck över och grädda 25 minuter. Avtäck och grädda i 5–10 minuter till, eller tills den är genomvärmd.

23. Fiesta kycklinggryta

INGREDIENSER:

- 2 dl okokt småskalspasta
- 2 dl hackad kokt kyckling
- 1 burk (16 uns) medium salsa
- Handfull Oliver
- 2 dl riven mexikansk ost

INSTRUKTIONER:

a) Värm ugnen till 350 grader.
b) Koka pastan enligt förpackningens anvisningar och låt rinna av.
c) Kombinera alla ingredienser i en smord 9x13-tums panna.
d) Täck över och grädda i 20–25 minuter, eller tills de är genomvärmda.
e) Toppa med oliver.

24.Söt Lemony Kycklinggryta

INGREDIENSER:
- 6 benfria, skinnfria kycklingbröst
- 2 msk smör eller margarin, smält
- ⅓ kopp mjöl
- ⅓ kopp honung
- ¼ kopp citronsaft
- 1 msk sojasås

INSTRUKTIONER:
a) Värm ugnen till 350 grader.
b) Doppa kycklingen i smör och sedan i mjöl. Placera i en smord 9x13-tums panna.
c) Blanda honung, citronsaft och sojasås. Häll såsen över kycklingen.
d) Täck över och grädda i 40 minuter, eller tills kycklingen är klar.

25.Mango kycklinggryta

INGREDIENSER:
- 1 dl okokt vitt ris
- 2 koppar vatten
- 4 benfria, skinnfria kycklingbröst
- 1 burk (12 uns) mangosalsa

INSTRUKTIONER:
a) Värm ugnen till 350 grader.
b) Kombinera ris och vatten i en smord 9x13-tums panna. Lägg kyckling över ris och häll mangosalsa över toppen.
c) Täck och grädda 1 timme.

26.Vallmofrögryta

INGREDIENSER:
- 1 ½ pund mald kalkon
- 1 grön eller röd paprika, hackad
- 3 burkar (8 uns vardera) tomatsås
- ½ tsk salt
- ½ tsk svartpeppar
- 1 paket (8 uns) färskost, i tärningar
- ½ kopp gräddfil
- 1 kopp keso
- 1 msk vallmofrön
- 1 påse (12–18 uns) lockiga nudlar, kokta och avrunna
- 1 tsk italiensk krydda
- ½ kopp riven parmesanost

INSTRUKTIONER:
a) Värm ugnen till 350 grader.
b) Bryn kalkon och paprika tillsammans tills kalkonen är färdig. Häll av vätska. Tillsätt tomatsås, salt och peppar och låt sjuda på låg värme.
c) Kombinera färskost, gräddfil, keso och vallmofrön i en skål och blanda sedan med avrunna varma nudlar. Placera nudelblandningen i botten av en smord 9x13-tums panna och toppa med kalkonblandning. Täck och grädda 30 minuter.
d) Avtäck och grädda ytterligare 10 minuter.
e) Strö italiensk krydda och parmesan över toppen.

27.Ananaskycklinggryta

INGREDIENSER:
- 2 dl tärnad kokt kyckling
- 1 burk (8 uns) krossad ananas, med vätska
- 1 dl hackad selleri
- 1 kopp kokt vitt ris
- 1 burk (10,75 ounces) grädde svampsoppa, kondenserad
- 1 kopp majonnäs
- 1 burk (6 uns) skivade vattenkastanjer, avrunna
- 2 dl ströbröd
- 1 msk smör eller margarin, smält

INSTRUKTIONER:
a) Värm ugnen till 350 grader.
b) I en stor skål, kombinera alla ingredienser utom ströbröd och smör.
c) Överför blandningen till en smord 9x13-tums panna.
d) Kombinera ströbröd och smör; strö över kycklingblandningen.
e) Grädda 30–45 minuter.

28.Kyckling Sydvästern Roll-Ups

INGREDIENSER:

- 1 dl fint krossade ostkex
- 1 kuvert tacokrydda
- 4 till 6 benfria, skinnfria kycklingbröst
- 4 till 6 skivor Monterey Jack ost
- 4-ounce burk hackad grön chili

INSTRUKTIONER:

a) Värm ugnen till 350 grader.
b) På en tallrik, kombinera kex och tacokrydda. Platta till kyckling med en köttmörare och lägg 1 skiva ost och ca 1 msk chili på varje kycklingbit. Rulla kycklingen och fäst med en tandpetare.
c) Strö kyckling med kexblandning och lägg i en smord 9x13-tums panna.
d) Grädda, utan lock, 35–40 minuter, eller tills kycklingen är klar.
e) Kom ihåg att ta bort tandpetare innan servering.

29. schweizisk kyckling

INGREDIENSER:
- 4 till 6 benfria, skinnfria kycklingbröst
- 4 till 6 skivor schweizisk ost
- 1 burk (10,75 ounces) grädde svampsoppa, kondenserad
- ¼ kopp mjölk
- 1 låda (6 uns) kryddad fyllningsblandning
- ¼ kopp smör eller margarin, smält

INSTRUKTIONER:
a) Värm ugnen till 350 grader.
b) Lägg kycklingen i botten av en smord 9x13-tums panna. Lägg ostskivorna över kycklingen.
c) I en skål, blanda ihop soppa och mjölk. Häll soppblandningen över kycklingen.
d) Strö torr fyllningsblandning över soppskiktet och ringla smör över toppen.
e) Täck över och grädda i 55–65 minuter, eller tills kycklingen är klar.

30.Kalkon Och Potatis Bakar

INGREDIENSER:
- 2 koppar kokt kalkon i tärningar
- 2 medelstora potatisar, skalade och tunt skivade
- 1 medelstor lök, skivad
- salt och peppar efter smak
- 1 burk (10,75 ounces) gräddsellerisoppa, kondenserad
- ½ dl lättmjölk

INSTRUKTIONER:
a) Värm ugnen till 350 grader.
b) I en smord 8x8-tums panna, lager kalkon, potatis och lök. Strö över salt och peppar.
c) I en skål, kombinera soppa och mjölk. Häll över kalkon. Täck och grädda 1 timme.

31.Teriyaki kyckling

INGREDIENSER:
- 2 benfria, skinnfria kycklingbröst i tärningar
- 1 burk (15 uns) kycklingbuljong
- 2 msk farinsocker
- 2 msk sojasås
- ½ tesked mald ingefära
- ½ tsk Worcestershiresås
- 1 dl okokt vitt ris
- 1 burk (8 ounces) ananasbitar, avrunna

INSTRUKTIONER:
a) Värm ugnen till 350 grader.
b) Blanda alla ingredienser i en stor skål.
c) Överför blandningen till en smord 9x13-tums panna.
d) Täck och grädda 1 timme, eller tills riset är klart.

32.Vild Ris Och Kyckling

INGREDIENSER:
- 6,2 uns långkornigt och vildris, med smaksättning
- 1 ½ dl vatten
- 4 benfria, skinnfria kycklingbröst
- ½ tesked torkad basilika
- ½ tsk vitlökspulver

INSTRUKTIONER:
a) Värm ugnen till 375 grader.
b) I en skål, kombinera ris, kryddpaket och vatten.
c) Häll blandningen i en smord 9x13-tums panna.
d) Lägg kycklingen över risblandningen och strö över basilika och vitlökspulver.
e) Täck och grädda 1 timme.

33.Basilika kycklinggryta

INGREDIENSER:
- 3 msk smör eller margarin, smält
- 3 dl potatis, skalad och tunt skivad
- 1 paket (16 uns) fryst majs
- 2 tsk salt, delat
- 2 tsk basilika, delad
- 1 kopp graham cracker smulor
- ⅓ kopp smör eller margarin, smält
- 4 till 6 benfria, skinnfria kycklingbröst

INSTRUKTIONER:
a) Värm ugnen till 375 grader.
b) Häll 3 matskedar smält smör i botten av en 9x13-tums panna. Kombinera potatis och majs i pannan och strö sedan över 1 tsk salt och 1 tsk basilika.
c) I en liten skål, kombinera knäcksmulor och resterande salt och basilika. Överför blandningen till en tallrik. Doppa kycklingen i ⅓ kopp smält smör och rulla sedan i smulblandningen, täck helt. Lägg kycklingen över grönsakerna.
d) Täck över och grädda 60–75 minuter, eller tills kycklingen är klar och grönsakerna mjuka.
e) Ta bort från ugnen, avtäck och grädda ytterligare 10 minuter för att bryna kycklingen.

34.Efter Tacksägelse Gryta

INGREDIENSER:

- 1 låda (6 uns) kryddad fyllningsblandning
- 3 koppar hackad kokt kalkon
- 2 dl kalkonsås, delad
- 2 dl potatismos, kryddad med vitlök

INSTRUKTIONER:

a) Värm ugnen till 350 grader.

b) Förbered fyllningen enligt anvisningarna på förpackningen. Skeda fyllning i en smord 2-quarts ugnsform. Lägg kalkon över fyllningen. Häll 1 kopp sås över kalkon. Fördela potatismos jämnt över toppen. Täck med resterande sås.

c) Täck över och grädda 35–45 minuter, eller tills det är bubbligt.

35.Turkiet Tortilla Gryta

INGREDIENSER:
- 3 koppar hackad kokt kalkon
- 4-ounce burk hackad grön chili
- ¾ kopp kycklingbuljong
- 2 burkar (10,75 uns vardera) grädde av kycklingsoppa, kondenserad
- 1 medelstor lök, hackad
- 8 till 10 medelstort mjöltortillas i gordita-stil
- 2 dl riven Monterey Jack ost

INSTRUKTIONER:
a) Värm ugnen till 350 grader.
b) I en stor skål, kombinera kalkon, chili, buljong, soppa och lök. Täck botten av en smord 9x13-tums panna med hälften av tortillorna. Fördela hälften av kalkonblandningen över tortillaskiktet. Strö hälften av osten över. Upprepa lager.
c) Grädda 25–30 minuter, eller tills den är bubblig och genomvärmd.

36.Turketti

INGREDIENSER:
- 1 burk (10,75 ounces) grädde svampsoppa, kondenserad
- ½ kopp vatten
- 2 koppar kokt kalkon i tärningar
- 1 ⅓ koppar spagetti, bruten, kokad och avrunnen
- ⅓ kopp hackad grön paprika
- ½ kopp hackad lök
- ½ tsk salt
- ¼ tesked svartpeppar
- 2 dl riven cheddarost, delad

INSTRUKTIONER:
a) Värm ugnen till 350 grader.
b) I en stor skål, kombinera soppa och vatten. Rör i resten av ingredienserna förutom 1 dl ost. Sprid blandningen i en smord 9x13-tums panna.
c) Strö över resten av osten. Grädda 45 minuter.

37.Fyllning Och Kalkongryta

INGREDIENSER:

- 2 burkar (10,75 uns vardera) gräddsellerisoppa, kondenserad
- 1 dl mjölk
- ½ tsk svartpeppar
- 1 påse (16 uns) frysta blandade grönsaker, tinade och avrunna
- 2 ½ koppar kokt kalkon i tärningar
- 1 låda (6 uns) kryddad fyllningsblandning
- Värm ugnen till 400 grader.

INSTRUKTIONER:

a) Blanda ihop soppa, mjölk, peppar, grönsaker och kalkon. Sprid kalkonblandningen i en smord 9x13-tums panna.

b) Förbered fyllningen enligt anvisningarna på förpackningen. Skeda fyllningen jämnt över kalkonen.

c) Grädda i 25 minuter, eller tills den är genomvärmd.

38.Turkiet Divan

INGREDIENSER:
- 2 koppar tärnad kokt kalkon
- 1 paket (10 uns) frysta broccolispears, kokta
- 1 burk (10,75 ounces) grädde kycklingsoppa, kondenserad
- ½ kopp majonnäs
- ½ tsk citronsaft
- ¼ tesked currypulver
- ½ kopp riven skarp cheddarost

INSTRUKTIONER:
a) Värm ugnen till 350 grader.
b) Varva kalkon och broccoli i en smord 9x13-tums panna.
c) I en skål, kombinera soppa, majonnäs, citronsaft och currypulver.
d) Häll över kalkon och strö över ost. Täck över och grädda i 40 minuter.

GRÖNTSKAPLIGA GRYTOR

39. Sparrisgryta

INGREDIENSER:
- 1 dl riven cheddarost
- 2 koppar krossade saltkex
- ¼ kopp smör eller margarin, smält
- 10,75 uns burk grädde av svampsoppa, kondenserad
- 15 uns kan sparris spjut, dränerad med vätska reserverad
- ½ kopp skivad mandel

INSTRUKTIONER:
a) Värm ugnen till 350 grader.
b) I en skål, kombinera ost och knäcksmulor. Avsätta.
c) Blanda smör, soppa och vätskan från sparrisburken i en separat skål. Lägg hälften av kexblandningen i botten av en 8x8-tums panna. Lägg hälften av sparrisspjuten ovanpå.
d) Varva hälften av den skivade mandeln och hälften av soppblandningen över sparris.
e) Varva återstående sparrisspjut, mandel och soppblandning över toppen. Täck med resterande kexblandning.
f) Grädda 20–25 minuter, eller tills den är bubblig och gyllenbrun.

40.Chunky Veggie gryta

INGREDIENSER:
- 2 koppar vatten
- 1 dl okokt vitt ris
- 1 påse (16 uns) frysta broccolibuktor
- 1 påse (16 uns) frysta blomkålsbuketter
- ⅓ kopp vatten
- 1 medelstor lök, hackad
- ⅓ kopp smör eller margarin
- 1 burk (16 uns) Cheez Whiz
- 1 burk (10,75 ounces) grädde kycklingsoppa, kondenserad
- ⅔ kopp mjölk

INSTRUKTIONER:
a) Koka upp 2 dl vatten och ris i en kastrull. Sänk värmen. Täck och låt sjuda i 15 minuter, eller tills vattnet absorberats.
b) Värm broccoli och blomkål i en skål med ⅓ kopp vatten i mikrovågsugn på hög värme 8 minuter, eller tills de är klara. Häll av grönsakerna.
c) Värm ugnen till 350 grader.
d) Fräs lök i smör i en stekpanna. Rör ner kokt ris i löken. Fördela risblandningen i en smord 9x13-tums panna.
e) Rör ner grönsaker, ostsås, soppa och mjölk i risblandningen.
f) Grädda 30–35 minuter, eller tills det är bubbligt.

41. Mozzarellapotatisgryta

INGREDIENSER:
- 4 medelstora potatisar, skalade
- 4 romska tomater, skivade
- 1 stor grön paprika, kärnad och skuren i strimlor
- salt och peppar efter smak
- 1 tsk italiensk krydda
- 2 dl riven mozzarellaost
- 1 kopp gräddfil

INSTRUKTIONER:

a) Värm ugnen till 400 grader.

b) Koka potatisen i en kastrull i 25–30 minuter tills den är delvis kokt, skär sedan i tunna skivor. Varva hälften av potatisskivorna, tomatskivorna och paprikaremsorna i en smord 9x9-tums panna.

c) Krydda med salt och peppar. Strö hälften av varje italiensk krydda och mozzarellaost över grönsakerna. Upprepa lager med återstående potatis, tomater och paprika.

d) Strö resterande kryddor och ost över grönsakerna och bred sedan gräddfil över toppen.

e) Täck och grädda i 30–40 minuter, eller tills det är bubbligt.

42.Krämig spenatgryta

INGREDIENSER:
- 2 paket (10 uns vardera) fryst hackad spenat
- 1 kuvert löksoppa mix
- 1 behållare (16 uns) gräddfil
- ¾ kopp riven cheddarost

INSTRUKTIONER:
a) Värm ugnen till 350 grader.
b) Koka spenaten enligt anvisningarna på förpackningen och låt rinna av. Lägg i en smord ugnsform på 1 ½ till 2 liter.
c) Rör ner löksoppsmix och gräddfil.
d) Strö ost över toppen. Grädda 20–25 minuter, eller tills det är bubbligt.

43. Mexikansk pizzagryta

INGREDIENSER:
- 1 tub (13,8 ounces) kyld pizzadeg
- 1 burk (16 uns) refried bönor
- ¾ kopp tjock salsa
- 1 kuvert tacokrydda
- 1 ½ dl riven mexikansk ost
- 1 påse (10 uns) strimlad sallad
- 2 romska tomater, tärnade
- 1 ½ dl krossad nachoost tortillachips

INSTRUKTIONER:
a) Värm ugnen till 400 grader.
b) Täck botten och delvis upp sidorna av en smord 9x13-tums panna med pizzadeg. Grädda 10–12 minuter, eller tills de är ljust gyllenbruna.
c) Värm refried beans och salsa i en kastrull tills det blir bubbligt. Rör ner tacokrydda i den refried bean-blandningen. Fördela refried bean-blandningen över bakad skorpa.
d) Strö ost över bönorna och grädda i 5–8 minuter, eller tills osten smält.
e) Varva sallad, tomater och krossade tortillachips ovanpå och servera omedelbart.

44. Söt lökgryta

INGREDIENSER:
- 6 stora söta lökar, tunt skivade
- 6 matskedar smör eller margarin, delat
- burk (10,75 ounces) gräddsellerisoppa, kondenserad
- ⅓ kopp mjölk
- ½ tsk svartpeppar
- 2 dl riven schweizerost, delad
- 6 skivor franskbröd, skär 1 tum tjocka

INSTRUKTIONER:

a) Fräs lök i 4 msk smör i en stor stekpanna i 11–13 minuter, eller tills löken är mjuk.

b) I en stor skål, kombinera soppa, mjölk, peppar och 1 ½ dl ost.

c) Värm ugnen till 350 grader. Rör ner lök i soppblandningen. Fördela blandningen i en smord 9x13-tums panna. Strö över resten av osten.

d) Smält resterande smör och pensla det över ena sidan av varje brödskiva. Lägg brödskivorna med smörsidan uppåt i pannan och gör tre rader.

e) Grädda 24–28 minuter. Kyl 5–7 minuter före servering.

45. Veggie Shepherd's På

INGREDIENSER:
- 1 påse (16 uns) frysta grönsaker i Kalifornien-blandning
- 1 burk (10,75 ounces) cheddarostsoppa, kondenserad
- ½ tsk timjan
- 2 dl potatismos, kryddad med vitlök

INSTRUKTIONER:

a) Värm ugnen till 350 grader.

b) Kombinera frysta grönsaker, soppa och timjan i en smord 9x9-tums panna. Fördela potatisen jämnt över grönsaksskiktet. Täck över och grädda 25 minuter.

c) Avtäck och grädda 15–20 minuter till, eller tills den är genomvärmd.

46. Grönsaksfyllningsgryta

INGREDIENSER:
- 1 påse (16 uns) frysta gröna bönor
- 1 påse (16 uns) frysta blandade grönsaker
- 2 burkar (10,75 ounces) grädde svampsoppa, kondenserad
- 1 burk (6 uns) friterad lök
- 1 låda (6 uns) kryddad fyllningsblandning
- 3 msk smör eller margarin, smält
- ¼ kopp vatten

INSTRUKTIONER:
a) Värm ugnen till 350 grader.
b) Häll frysta grönsaker i botten av en smord 9x13-tums panna.
c) Rör soppan i grönsakerna.
d) Strö lök och fyllning blanda jämnt över toppen.
e) Ringla smält smör och vatten över fyllningsskiktet.
f) Täck över och grädda i 55–65 minuter, eller tills de är genomvärmda.

47.Bakad ostlik zucchini

INGREDIENSER:
- 1 medelstor zucchini, tunt skivad
- 1 söt lök, tunt skivad
- 2 romska tomater, tunt skivade
- 2 msk smör eller margarin, smält
- ¾ kopp brödsmulor med italiensk smak
- 1 dl riven mozzarellaost

INSTRUKTIONER:
a) Värm ugnen till 350 grader.
b) I en smord 9x9-tums panna, lager zucchini, lök och tomater.
c) Ringla smör över grönsakerna. Strö ströbröd över toppen.
d) Täck över och grädda i 45–50 minuter, eller tills grönsakerna är mjuka. Ta ut ur ugnen, avtäck och strö ost över toppen.
e) Grädda 5–7 minuter till, eller tills osten är bubblig.

BÄLJÄN- OCH BÖNKRYTOR

48.Staplad Svart bönaTortilla På

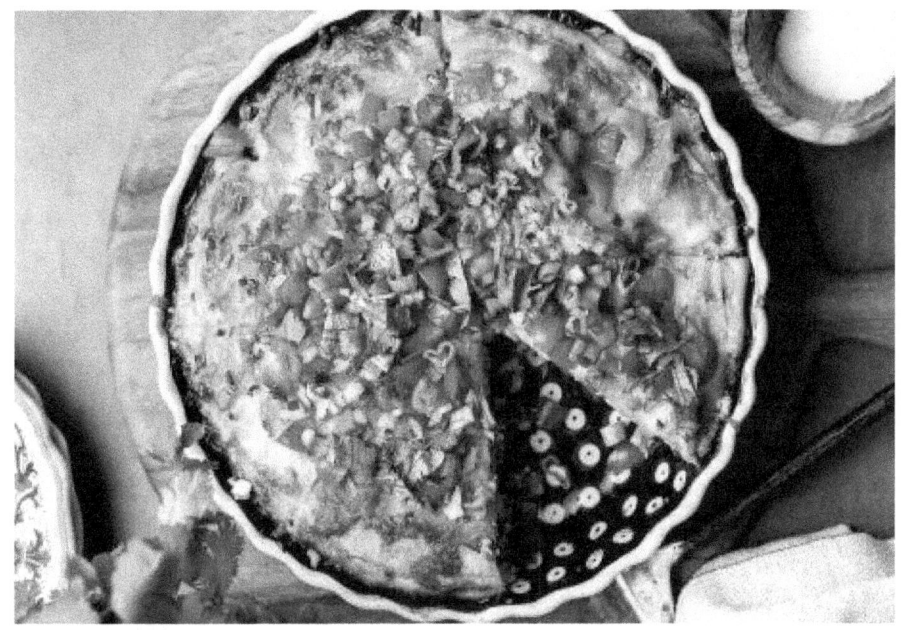

INGREDIENSER:
- 1 burk (16 uns) refried bönor
- 1 kopp salsa, uppdelad
- 1 tsk finhackad vitlök
- 1 msk torkad koriander
- 1 burk (15 uns) svarta bönor, sköljda och avrunna
- 1 medelstor tomat, hackad
- 7 medelstora mjöltortillas
- 2 dl riven cheddarost

INSTRUKTIONER:
a) Värm ugnen till 400 grader.
b) I en skål, kombinera refried bönor, ¾ kopp salsa och vitlök.
c) I en separat skål, kombinera återstående salsa, koriander, svarta bönor och tomat.
d) Lägg en tortilla i botten av en smord pajform. Fördela en fjärdedel av den refried bean-blandningen över tortilla inom ½ tum från kanten.
e) Strö ¼ kopp ost över bönorna och täck med en annan tortilla. Sked en tredjedel av den svarta bönblandningen över tortilla.
f) Strö ¼ kopp ost över svarta bönblandningen och täck med en annan tortilla.
g) Upprepa lager, avsluta med ett sista lager av refried bean-blandning fördelat över den sista tortillan. Strö över ½ kopp ost. Täck över och grädda 35–40 minuter.
h) Servera enskilda pajbitar med salsa och gräddfil.

49.Gröna bönor

INGREDIENSER:
- 2 burkar (14,5 uns vardera) franskskurna gröna bönor, avrunna
- 1 burk (10,75 ounces) grädde svampsoppa, kondenserad
- ⅔ kopp mjölk
- ⅓ kopp riktiga baconbitar
- ¼ tesked svartpeppar
- 1 ¼ koppar friterad lök, uppdelad

INSTRUKTIONER:
a) Värm ugnen till 350 grader.
b) Blanda alla ingredienser utom lök i en smord ugnsform på 1 ½ till 2 liter. Rör ner ½ kopp lök. Grädda, utan lock, 30 minuter, eller tills det är bubbligt.
c) Strö över resten av löken och grädda i 5 minuter till.

50.Indiana Majsälskare Gryta

INGREDIENSER:
- 2 ägg, lätt vispade
- 1 burk (14,75 ounces) majs i krämstil
- 12-ounce kan hel kärna majs, avrunnen
- ¾ kopp gräddfil
- 3 msk smör eller margarin, smält
- 1 ½ dl riven cheddarost
- 1 medelstor lök, hackad
- 4-ounce burk hackad grön chili, avrunnen
- 1 paket (6,5 ounces) majsmuffinsmix

INSTRUKTIONER:

a) Värm ugnen till 350 grader.

b) I en stor skål, kombinera ägg, majs, gräddfil, smör, ost, lök och chili. Vänd försiktigt ner majsmuffinsblandningen tills den är fuktad. Fördela blandningen i en smord 2-quarts ugnsform.

c) Grädda 60–70 minuter, eller tills den är gyllenbrun på toppen och mitten stelnat.

51. Hominy gryta

INGREDIENSER:
- 1 medelstor lök, hackad
- 1 stor grön paprika, kärnad och tärnad
- ½ dl smör eller margarin
- 15,5-ounce burk vit hominy, dränerad
- 15,5-ounce burk gul hominy, dränerad
- 12-ounce kan hel kärna majs, avrunnen
- 4-ounce burk skivad svamp, avrunnen
- ¼ kopp riven parmesanost
- 1 kopp Cheez Whiz
- ¼ kopp tärnad pimiento, avrunnen

INSTRUKTIONER:
a) Värm ugnen till 350 grader.
b) Fräs lök och paprika i smör tills de är mjuka i en stekpanna. Rör ner resterande ingredienser i lökblandningen. Bred ut i en smord 8x8-tums panna.
c) Grädda 30–35 minuter, eller tills det är bubbligt.

RIS OCH NUDELKRYTOR

52. Nudelpuddinggryta

INGREDIENSER:
- 16 dl vatten
- 7 ½ koppar torra breda äggnudlar
- 8 uns färskost, mjukad
- 6 msk. osaltat smör, mjukat
- 1 kopp strösocker
- 3 ägg
- 1 dl helmjölk
- 1 dl aprikosnektar
- 1 kopp majsflakesmulor
- 6 msk. smält osaltat smör
- ½ tsk mald kanel

INSTRUKTIONER:

a) Tillsätt vattnet i en stor kastrull på medelvärme. När vattnet kokar, rör ner äggnudlarna. Koka i 6 minuter eller tills nudlarna är mjuka. Ta kastrullen från värmen och häll av allt vatten från pannan.

b) I en stor skål, tillsätt färskost, mjukt smör och ½ kopp strösocker. Använd en mixer på medelhastighet och vispa tills det är slätt och krämigt. Tillsätt äggen i skålen. Blanda tills det blandas.

c) Tillsätt mjölken och aprikosnektarn. Blanda endast tills det blandas. Lägg till nudlarna och rör tills nudlarna är täckta med grädden.

d) Värm ugnen till 350°. Spraya en 9 x 13 bakplåt med non-stick matlagningsspray. Tillsätt majsflakesmulorna, ½ kopp strösocker, smält smör och kanel i en liten skål. Rör om tills det blandas. Fördela nudlarna i bakformen.

e) Strö majsflakes över toppen.

f) Grädda i 25 minuter eller tills grytan har stelnat i mitten, varm och bubblig. Ta ut ur ugnen och servera.

53.Torskpastagryta

INGREDIENSER:
- 14 koppar vatten
- 1 tsk citronpepparkrydda
- 1 lagerblad
- 2 pund torskfiléer, skurna i 1" bitar
- 1 dl torr pasta med små skal
- 1 röd paprika, hackad
- 1 grön paprika, hackad
- 1 dl hackad lök
- 1 msk. osaltat smör
- 3 msk. mjöl för alla ändamål
- 2 ½ koppar evaporerad mjölk
- ¾ tesked salt
- ½ tsk torkad timjan
- ¼ tesked svartpeppar
- 1 kopp strimlad mexikansk ostblandning

INSTRUKTIONER:

a) I en stor stekpanna på medelvärme, tillsätt 6 dl vatten, citronpepparkrydda och lagerbladet. Koka upp och tillsätt torsken. Lägg ett lock på grytan. Sjud i 5-6 minuter eller tills fisken flagnar och är mjuk. Ta av från värmen och häll av allt vatten från stekpannan. Ta bort lagerbladet och kassera.

b) Tillsätt 8 dl vatten i en kastrull på medelvärme. När vattnet kokar, rör ner skalpastan. Koka i 6 minuter eller tills pastan är mjuk. Ta av från värmen och häll av allt vatten från pastan.

c) I en kastrull på medelvärme, tillsätt röd paprika, grön paprika,

d) lök och smör. Fräs i 5 minuter eller tills grönsakerna är mjuka. Tillsätt allsidigt mjöl i pannan. Rör hela tiden och koka i 1 minut. Under konstant omrörning, tillsätt långsamt den förångade mjölken. Fortsätt att röra och koka i 2 minuter eller tills såsen tjocknar.

e) Tillsätt salt, timjan, svartpeppar och mexikansk ostblandning i pannan. Rör om tills det blandas och osten smälter. Ta kastrullen från värmen.

f) Tillsätt pastan och fisken i såsen. Rör försiktigt tills det blandas. Värm ugnen till 350°. Spraya en 2 liters ugnsform med non-stick matlagningsspray. Häll ner grytan i ugnsformen. Täck formen med ett lock eller aluminiumfolie.

g) Grädda i 25 minuter eller tills grytan är varm och bubblig. Ta ut ur ugnen och servera.

54.Kalkonnudelgryta

INGREDIENSER:
- 1 påse (12 uns) äggnudlar
- 1 burk (10,75 ounces) gräddsellerisoppa, kondenserad
- ½ kopp mjölk
- 1 burk (5 ounces) kalkon, avrunnen
- 2 dl riven cheddarost
- ½ dl krossad potatischips

INSTRUKTIONER:
a) Värm ugnen till 400 grader.
b) Koka nudlarna enligt anvisningarna på förpackningen och låt rinna av. Rör soppa, mjölk, kalkon och ost till varma nudlar.
c) Fördela nudelblandningen i en smord 2-quarts ugnsform.
d) Grädda 15 minuter. Toppa med krossade potatischips och grädda 3–5 minuter till.

55.Skaldjurspasta gryta

INGREDIENSER:
- ¼ kopp olivolja
- 1 pund färsk sparris, putsad och skuren i 1" bitar
- 1 kopp hackad salladslök
- 1 msk. finhackad vitlök
- 16 uns förp. linguinudlar, kokta & avrunna
- 1 pund medelstora räkor, kokta, skalade och deveirade
- 8 uns krabbkött, kokt
- 8 uns imitation eller färsk hummer, kokt
- 8 uns kan svarta oliver, avrunna

INSTRUKTIONER:
a) Värm ugnen till 350°. Spraya en 4 liters gryta med non-stick matlagningsspray. Tillsätt olivoljan i en stekpanna på medelvärme.
b) När oljan är varm, tillsätt sparris, salladslök och vitlök. Fräs i 5 minuter.
c) Ta av stekpannan från värmen och tillsätt grönsakerna och olivoljan i grytan.
d) Tillsätt linguine nudlar, krabba, hummer och svarta oliver i grytan.
e) Rör om tills det blandas. Grädda i 30 minuter eller tills grytan är varm.
f) Ta ut ur ugnen och servera.

56. Ris Och Grön Chile Gryta

INGREDIENSER:
- 1 låda (6 uns) omedelbar mix av långkornigt och vildris
- 1 kopp gräddfil
- 4-ounce burk hackad grön chili, avrunnen
- 1 dl riven cheddarost
- 1 dl riven Monterey Jack ost

INSTRUKTIONER:
a) Förbered ris enligt anvisningarna på förpackningen.
b) Värm ugnen till 350 grader.
c) Blanda ihop gräddfil och grön chili i en skål. Fördela hälften av det kokta riset över botten av en smord 8x8-tums panna. Skeda hälften av gräddfilsblandningen över ris. Strö hälften av varje ost över toppen.
d) Skeda resterande ris över osten. Fördela resten av gräddfilsblandningen över riset och strö sedan resterande ost över toppen.
e) Grädda, utan lock, 15–20 minuter, eller tills det är bubbligt.

57.Fisk Och Ostig Pasta Gryta

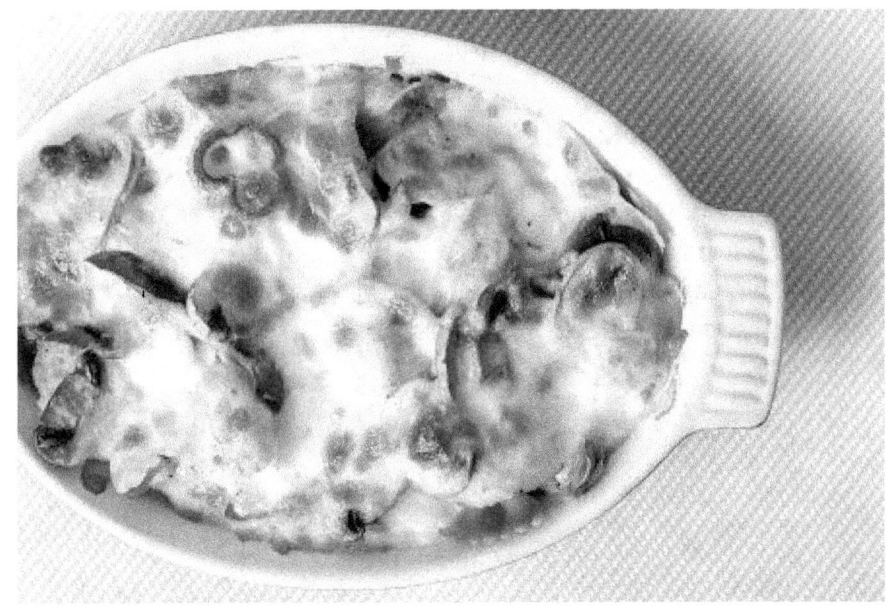

INGREDIENSER:

- 16 uns lockig pasta, kokt och avrunnen
- 1 burk (16 uns) Ragu dubbelcheddarsås
- 5 frysta misshandlade fiskfiléer

INSTRUKTIONER:

a) Värm ugnen till 375 grader.

b) Koka pastan enligt förpackningens anvisningar och låt rinna av. Placera pastan i en smord 9x13-tums panna. Rör ner cheddarsås i nudlar. Lägg fisken ovanpå.

c) Grädda, utan lock, 30 minuter.

58.Rotini baka

INGREDIENSER:
- 12 uns okokt lockig rotini eller små rörpasta
- 1 pund nötfärs
- 1 burk (26 uns) spaghettisås
- 2 ägg, lätt vispade
- 1 kartong (16 uns) keso
- 2 dl riven mozzarellaost, delad
- ½ kopp riven parmesanost

INSTRUKTIONER:
a) Värm ugnen till 350 grader.
b) Koka nudlarna enligt anvisningarna på förpackningen och låt rinna av.
c) Bryn och låt nötköttet rinna av i en stekpanna medan nudlarna kokar. Rör ner spaghettisås i nötköttet.
d) I en stor skål, kombinera ägg, keso, 1 kopp mozzarellaost och parmesanost. Vänd försiktigt ner den kokta pastan i ostblandningen. Fördela en tredjedel av nötköttsblandningen över botten av en smord 9x13-tums panna. Lägg hälften av pastablandningen över köttet.
e) Lägg ytterligare en tredjedel av köttblandningen över nudlar. Lägg resterande nudlar ovanpå, följt av resterande köttblandning.
f) Täck över och grädda i 40 minuter. Avtäck och strö resterande mozzarellaost över toppen. Återgå till ugnen och grädda i 5–10 minuter till, eller tills osten smält.

59.Cheddar skinka nudelgryta

INGREDIENSER:

- 1 påse (12 uns) äggnudlar
- ¼ kopp tärnad grön paprika
- ½ medelstor lök
- 1 msk olivolja
- 1 burk (10,75 ounces) grädde svampsoppa, kondenserad
- ⅔ kopp mjölk
- 1 ½ dl tärnad färdigkokt skinka
- 2 dl riven cheddarost

INSTRUKTIONER:

a) Värm ugnen till 400 grader.
b) Koka nudlarna enligt anvisningarna på förpackningen och låt rinna av.
c) Fräs paprika och lök i en stekpanna i olivolja tills löken är genomskinlig. Rör soppa, mjölk, skinka, grönsaker och ost till varma nudlar.
d) Fördela nudelblandningen i en smord 2-quarts ugnsform.
e) Grädda 15 minuter, eller tills den är genomvärmd.

60. Italiensk makaronbaka

INGREDIENSER:
- 8 uns okokt armbågsmakaroner
- 1 pund nötfärs, brynt och avrunnen
- salt och peppar efter smak
- 1 burk (14 uns) pizzasås
- 4-ounce burk skivad svamp
- 2 dl riven mozzarellaost

INSTRUKTIONER:
a) Värm ugnen till 350 grader.
b) Koka makaronerna enligt anvisningarna på förpackningen och låt rinna av.
c) Krydda kokt nötkött med salt och peppar. Lägg hälften av makaronerna i botten av en smord 2-liters ugnsform.
d) Varva hälften av vardera nötköttet, pizzasåsen, svampen och osten. Lägg återstående makaroner ovanpå och upprepa lagren.
e) Täck och grädda 20 minuter.
f) Avtäck och grädda i 5–10 minuter till, eller tills osten smält.

61. Bakad ravioli Alfredo

INGREDIENSER:
- 1 påse (25 uns) fryst italiensk korv ravioli
- 1 påse (16 uns) frysta broccolibuktor
- 1 burk (16 ounces) Alfredosås
- ¾ kopp mjölk
- ¼ kopp kryddat ströbröd

INSTRUKTIONER:
a) Värm ugnen till 350 grader.
b) Placera frysta ravioli i botten av en smord 9x13-tums panna. Bred broccolin över raviolin. Häll Alfredosås över broccolin. Ringla mjölk jämnt över toppen.
c) Täck och grädda 50 minuter. Avtäck och strö ströbröd över toppen.
d) Grädda, utan lock, 10 minuter till, eller tills den är genomvärmd.

FLÄSKGRYTOR

62.Korv Spaghetti gryta

INGREDIENSER:
- 1 pund korv
- 1 medelstor lök, hackad
- 1 burk (26 uns) spaghettisås
- ½ kopp vatten
- 1 paket (16 uns) spaghetti nudlar, kokta och avrunna
- ¼ kopp smör eller margarin, smält
- 3 ägg, vispade
- ½ kopp riven parmesanost
- 2 dl riven mozzarellaost, delad
- 1 behållare (16 uns) keso

INSTRUKTIONER:
a) Värm ugnen till 350 grader.
b) Bryn korv och lök i en stekpanna och rinna av eventuellt överflödigt fett. Rör ner spaghettisås och vatten i korvblandningen. Låt såsen sjuda på låg värme i 5 minuter.
c) I en skål, kombinera kokt spagetti, smör, ägg, parmesan och hälften av mozzarellaosten. Bred ut nudelblandningen i en smord 9x13tums panna.
d) Fördela keso jämnt över nudlar.
e) Fördela spaghettisåsblandningen jämnt över toppen. Strö resterande ost över såsen.
f) Täck över och grädda 25 minuter.
g) Avtäck och grädda 10–15 minuter till.

63. Kanadensisk Bacon Pizza Baka

INGREDIENSER:
- 2 rör (7,5 uns vardera) kylda kärnmjölkskex
- 1 burk (14 uns) pizzasås
- 1 kopp riven italiensk ost
- 15 till 20 skivor kanadensiskt bacon
- 1 ½ dl riven mozzarellaost, delad

INSTRUKTIONER:
a) Värm ugnen till 375 grader.
b) Separera kexen och skär var och en i 4 bitar. Lägg i en stor skål och blanda med pizzasås och italiensk blandningsost. Placera kexblandningen i en smord 9x13-tums panna.
c) Lägg kanadensiska baconskivor jämnt över toppen.
d) Strö mozzarellaost över toppen.
e) Grädda 20–25 minuter, eller tills kakorna är klara.

64.Broccoli Och Skinka Potpå

INGREDIENSER:
- 1 paket (10 uns) fryst hackad broccoli, tinad
- 1 burk (15 ounces) hel majskärna, avrunnen
- 1 burk (10,75 ounces) grädde svampsoppa, kondenserad
- 2 dl hackad helt kokt skinka
- 1 ½ dl riven cheddarost
- ¾ kopp gräddfil
- ½ tsk svartpeppar
- 1 kylt pajskal

INSTRUKTIONER:
a) Värm ugnen till 425 grader.
b) Fördela broccoli i botten av en lätt smord och mikrovågsugn 10-tums pajform med djup skål eller 1 ½ liter rund form.
c) Blanda majs, soppa, skinka, ost, gräddfil och peppar i en skål. Skeda blandningen över broccolin. Täck med hushållspapper och mikrovågsugn på hög värme 3–4 ½ minuter, eller tills den är varm.
d) Lägg ovikt pajskal över skinkblandningen och stoppa in kanterna i formen. Skär fyra 1-tums skåror i skorpan så att ånga kan strömma ut under gräddningen. Lägg formen ovanpå en bakplåt.
e) Grädda 15 minuter, eller tills skorpan blir gyllenbrun.

65. Pizzagryta i Chicago-stil

INGREDIENSER:
- 2 rör (13,8 uns vardera) kyld pizzadeg
- 2 koppar traditionell spaghettisås, delad
- 1 pund korv, brynt och avrunnen
- ½ medelstor lök, hackad
- 2 dl riven mozzarellaost, delad

INSTRUKTIONER:

a) Värm ugnen till 375 grader.

b) Fördela 1 skorpa över botten och upp på sidorna av en lätt smord 9x13-tums panna. Bred 1-½ dl sås över skorpan. Fördela kokt korv och lök över såsen. Strö 1-½ dl ost över korvlager.

c) Lägg resterande pizzaskal ovanpå och nyp ihop degen från de nedre och övre skorparna. Skär 1-tums slitsar i toppskorpan. Fördela försiktigt resterande sås och ost över toppen.

d) Grädda 30 minuter, eller tills skorpan är gyllenbrun och klar i mitten.

66. Country Broccoli, Ost och Skinka

INGREDIENSER:
- 1 paket (10 uns) fryst broccoli
- 1 kopp tärnad färdigkokt skinka
- 1 burk (10,75 ounces) cheddarostsoppa, kondenserad
- ½ kopp gräddfil
- 2 dl ströbröd
- 1 msk smör eller margarin, smält

INSTRUKTIONER:
a) Värm ugnen till 350 grader.
b) Koka broccolin enligt anvisningarna på förpackningen. I en stor skål, kombinera alla ingredienser utom ströbröd och smör. Överför blandningen i en smord 9x13-tums panna. Blanda ströbröd och smör och strö sedan över blandningen. Grädda 30–35 minuter.

67.Schweizisk ost fläskkotletter

INGREDIENSER:
- 6 fläskkotletter
- 1 msk smör eller margarin
- 12 färska lagerblad
- 6 skivor skinka
- 2 msk hackad färsk salvia
- 1 dl riven schweizisk ost

INSTRUKTIONER:
a) Värm ugnen till 375 grader.
b) Bryn fläskkotletter i smör 2–3 minuter på varje sida i en stekpanna. Lägg på en tallrik klädd med hushållspapper för att rinna av.
c) I en smord 9x13-tums panna, lager fläskkotletter, lagerblad, skinka, salvia och ost.
d) Täck över och grädda 25 minuter.

68.Hash Brun Himmel

INGREDIENSER:
- 4 koppar frysta strimlade hash bruns, tinade
- 1 pund bacon, kokt och smulad
- ⅔ kopp mjölk
- ½ kopp hackad lök
- ½ tsk salt
- ¼ tesked svartpeppar
- ⅛ tesked vitlökspulver (valfritt)
- 2 msk smör eller margarin, smält

INSTRUKTIONER:
a) Värm ugnen till 350 grader.
b) Blanda alla ingredienser i en stor skål.
c) Överför till en smord 8x8-tums panna.
d) Grädda 45 minuter.

69. Jambalaya

INGREDIENSER:

- ½ dl smör eller margarin
- 1 stor lök, hackad
- 1 stor grön paprika, hackad
- ½ kopp tärnad selleri
- 1 msk finhackad vitlök
- 1 pund helkokta rökt korvlänkar, skivade
- 3 dl kycklingbuljong
- 2 dl okokt vitt ris
- 1 dl hackade tomater
- ½ kopp hackad salladslök
- 1-½ msk persilja
- 1 msk Worcestershiresås
- 1 msk Tabascosås

INSTRUKTIONER:

a) Värm ugnen till 375 grader.

b) Smält smör i en stekpanna. Fräs lök, paprika, selleri och vitlök i smör tills de är mjuka.

c) I en stor skål, kombinera korv, buljong, ris, tomater, salladslök, persilja, Worcestershiresås och Tabascosås. Rör ner sauterade grönsaker i korvblandningen.

d) Bred ut i en smord 9x13-tums panna.

e) Täck och grädda 20 minuter. Rör om, täck över och grädda ytterligare 20 minuter.

f) Rör om, täck över och grädda de sista 5–10 minuterna, eller tills riset är klart.

70.Apelsin Ris Och Fläskkotletter

INGREDIENSER:
- 6 fläskkotletter
- salt och peppar efter smak
- 1 ⅓ koppar okokt vitt ris
- 1 kopp apelsinjuice
- 1 burk (10,75 ounces) kyckling- och rissoppa, kondenserad

INSTRUKTIONER:
a) Värm ugnen till 350 grader.
b) Bryn fläskkotletter i en stekpanna 2 minuter på varje sida och smaka av med salt och peppar. Avsätta.
c) Kombinera ris och apelsinjuice i en smord 9x13-tums panna.
d) Lägg fläskkotletter över ris. Häll soppa över toppen. Täck och grädda 45 minuter.
e) Avtäck och koka 10 minuter till, eller tills den är klar.

71.Korv Pepperoni gryta

INGREDIENSER:
- 1 pund korv
- 1 medelstor lök, hackad
- 1 paket (3,5 uns) skivad pepperoni
- 1 burk (14 uns) pizzasås
- 1 ¼ dl riven mozzarellaost
- 1 dl kexmix
- 1 dl mjölk
- 2 ägg, lätt vispade

INSTRUKTIONER:
a) Värm ugnen till 400 grader.
b) Bryn korv och lök i en stekpanna tills korven är klar. Häll av överflödigt fett och rör sedan ner pepperoni. Fördela köttblandningen i en smord 8x8-tums panna. Häll såsen jämnt över köttet. Strö ost över såsen.
c) Blanda kexmix, mjölk och ägg i en separat skål. Häll smeten jämnt över köttblandningen och såsen.
d) Grädda, utan lock, 25 minuter, eller tills den är gyllenbrun.

NÖTKÖTTKRYTTER

72.Beef Potpå

INGREDIENSER:
- 1 pund magert nötköttsgryta kött, kokt
- 1 paket (16 uns) frysta blandade grönsaker, tinade
- 1 burk (12 uns) svampsås
- ½ tsk timjan
- 1 tub (8 ounce) kylda halvmånerullar

INSTRUKTIONER:
a) Värm ugnen till 375 grader.
b) Kombinera alla ingredienser utom rullar i en smord 9x13-tums panna.
c) Grädda 20 minuter.
d) Ta ut ur ugnen och lägg tillplattad deg över toppen.
e) Återgå till ugnen och grädda 17–19 minuter, eller tills skorpan är gyllenbrun.

73.Majsbröd På Chili

INGREDIENSER:
- 1 medelstor lök, hackad
- 1 msk smör eller margarin
- 2 burkar (15 uns vardera) chili med kött och bönor
- 1 burk (11 ounces) majs i mexikansk stil, avrunnen
- 1 dl riven cheddarost
- 1 paket majsbrödblandning (8x8-tums pannstorlek)

INSTRUKTIONER:

a) Värm ugnen till 425 grader.

b) Fräs löken i smör i en stekpanna tills löken är mjuk. Rör ner chili och majs. Fördela chiliblandningen i en smord 9x13-tums panna. Strö ost över toppen.

c) Blanda majsbrödblandningen i en skål enligt anvisningarna på förpackningen. Häll smeten jämnt över chiliblandningen.

d) Grädda 25 minuter, eller tills majsbrödet är gyllenbrunt och satt i mitten.

74. Enchilada gryta

INGREDIENSER:
- 1 pund nötfärs, brynt och avrunnen
- 1 burk (15 uns) chili, valfri sort
- 1 burk (8 uns) tomatsås
- 1 burk (10 uns) enchiladasås
- 1 påse (10 uns) Fritos majschips, delad
- 1 kopp gräddfil
- 1 dl riven cheddarost

INSTRUKTIONER:

a) Värm ugnen till 350 grader.

b) I en stor skål, kombinera kokt nötkött, chili, tomatsås och enchiladasås. Rör ner två tredjedelar av chipsen. Fördela blandningen i en smord 2-quarts ugnsform.

c) Grädda, utan lock, 24–28 minuter, eller tills den är genomvärmd.

d) Bred gräddfil över toppen. Strö ost över gräddfil. Krossa resterande chips och strö över toppen.

e) Grädda 5–8 minuter till, eller tills osten smält.

75. Gräddost Enchiladas

INGREDIENSER:
- 1 pund nötfärs, brynt och avrunnen
- ½ kopp hackad lök
- 2 burkar (8 uns vardera) tomatsås
- ¼ kopp vatten
- 1 ½ tsk chilipulver
- ½ tsk svartpeppar
- 1 paket (8 uns) färskost, mjukad
- 12 medelstora mjöltortillas
- 2 dl riven cheddarost
- strimlad sallad
- gräddfil

INSTRUKTIONER:
a) Värm ugnen till 375 grader.
b) I en stor skål, kombinera kokt nötkött, lök, tomatsås, vatten och kryddor. Bred färskost över tortillas, rulla ihop och lägg i en smord 9x13-tums panna. Häll köttblandningen över tortillorna.
c) Strö över cheddarost. Täck över och grädda 25 minuter.
d) Servera över strimlad sallad och toppa med en klick gräddfil.

76. Chilighetti

INGREDIENSER:

- 1 pund nötfärs, brynt och avrunnen
- 1 paket (8 uns) spagetti, kokt och avrunnen
- ½ kopp hackad lök
- 1 kopp gräddfil
- 2 burkar (8 uns vardera) tomatsås
- 4-ounce burk skivad svamp
- 2 burkar (16 uns vardera) chili, vilken typ som helst
- 1 vitlöksklyfta, finhackad
- 2 dl riven cheddarost

INSTRUKTIONER:

a) Värm ugnen till 350 grader.
b) I en stor skål, kombinera alla ingredienser utom ost.
c) Överför blandningen i en smord 9x13-tums panna. Toppa med ost.
d) Grädda 20 minuter.

77.Djup skålTacos

INGREDIENSER:
- ½ kopp gräddfil
- ½ kopp majonnäs
- ½ kopp riven cheddarost
- ¼ kopp hackad lök
- 1 dl kexmix
- ¼ kopp kallt vatten
- ½ pund köttfärs, brynt och avrunnen
- 1 medelstor tomat, tunt skivad
- ½ kopp grön paprika, hackad

INSTRUKTIONER:
a) Värm ugnen till 375 grader.
b) I en skål, kombinera gräddfil, majonnäs, ost och lök. Avsätta.
c) Blanda kexmix och vatten i en separat skål tills en mjuk deg bildas.
d) Tryck ut degen på botten och uppåt på sidorna av en smord 8x8-tums form.
e) Varva nötkött, tomat och paprika över degen. Häll gräddfil över toppen.
f) Grädda 25–30 minuter.

78. Cowboy gryta

INGREDIENSER:
- 1 pund nötfärs
- 1 medelstor lök, hackad
- 2 jalapeñopeppar, kärnade och tärnade
- 2 paket (6,5 uns vardera) majsbrödblandning
- ½ tsk salt
- ½ tesked bakpulver
- 1 burk (14,75 ounces) majs i krämstil
- ¾ kopp mjölk
- 2 ägg, vispade
- 2 dl riven cheddarost, delad

INSTRUKTIONER:
a) Värm ugnen till 350 grader.
b) Bryn nötköttet med lök och paprika i en stekpanna tills köttet är klart. Tappa av överflödigt fett och ställ åt sidan.
c) I en skål, kombinera majsbrödblandning, salt, bakpulver, majs, mjölk och ägg. Fördela hälften av smeten över botten av en smord 9x13-tums panna. Strö hälften av osten över smeten. Häll köttblandningen jämnt över toppen.
d) Strö resterande ost över köttblandningen och fördela sedan resterande smet över toppen.
e) Grädda, utan lock, 35 minuter, eller tills majsbrödet är gyllenbrunt och satt i mitten.

79.Otrolig Cheeseburger På

INGREDIENSER:
- 1 pund nötfärs, brynt och avrunnen
- 1 dl hackad lök
- 1 dl riven cheddarost
- 1 dl mjölk
- ½ kopp kexmix
- 2 ägg

INSTRUKTIONER:
a) Värm ugnen till 325 grader.
b) I en smord 9x9-tums panna, varva nötkött, lök och ost.
c) Blanda mjölk, kexmix och ägg i en skål. Fördela degblandningen över osten.
d) Grädda 25–35 minuter, eller tills kniven i mitten kommer ut ren.

80.Kött Och Potatisgryta

INGREDIENSER:
- 1 pund nötfärs
- 2 medelstora lökar, hackade
- 1 ½ tsk italiensk krydda
- 4 till 6 medelstora potatisar, skalade och tunt skivade
- salt och peppar efter smak
- 1 burk (10,75 ounces) grädde svampsoppa, kondenserad
- ⅓ kopp vatten

INSTRUKTIONER:
a) Värm ugnen till 350 grader.
b) Bryn nötkött och lök i en stekpanna tills köttet är klart. Rör ner italiensk krydda i köttblandningen. Lägg en tredjedel av potatisen på botten av en smord 9x13-tums panna.
c) Strö över potatis med salt och peppar.
d) Fördela hälften av köttblandningen ovanpå. Upprepa lager, avsluta med potatis lager. Blanda soppa och vatten. Bred soppblandningen över toppen.
e) Täck och grädda 1 timme.

81.Köttbullegryta

INGREDIENSER:
- 1 burk (10,75 ounces) grädde kycklingsoppa, kondenserad
- 1 kopp gräddfil
- 1 dl riven cheddarost
- 1 stor lök, hackad
- 1 tsk salt
- 1 tsk svartpeppar
- 1 paket (30 ounces) frysta strimlade hash bruns, tinade
- 20 förkokta frysta köttbullar

INSTRUKTIONER:
a) Värm ugnen till 350 grader.
b) I en skål, rör ihop soppa, gräddfil, ost, lök, salt och peppar. Torka hash bruns med en pappershandduk och rör sedan ner i soppblandningen.
c) Sprid hash brun blandning i en smord 9x13-tums panna.
d) Tryck ner köttbullarna lätt i hash brun-blandningen i jämna rader. Täck och grädda 35 minuter.
e) Avtäck och grädda 10–15 minuter till, eller tills hash brun är klar.

82. Lök Ring Grill Baka

INGREDIENSER:
- 1-½ pund nötfärs
- 1 medelstor lök, hackad
- 1 burk (18 uns) hickory grillsås
- 1 påse (16 uns) frysta lökringar

INSTRUKTIONER:
a) Värm ugnen till 425 grader.
b) Bryn nötkött och lök i en stekpanna tills köttet är klart. Tappa ur allt överflödigt fett. Rör ner barbecuesås i nötkött och lök.
c) Sprid nötköttblandningen i en smord 9x13-tums panna.
d) Lägg lökringar jämnt över toppen.
e) Grädda 20–25 minuter, eller tills lökringarna är knapriga.

83.Sloppy Joe På Gryta

INGREDIENSER:
- 1 pund nötfärs
- 1 medelstor lök, hackad
- 1 burk (15 uns) krossade tomater, med vätska
- 1 kuvert sloppy joe krydda
- 1 tub (8 ounces) kyld halvmånerulldeg

INSTRUKTIONER:
a) Värm ugnen till 375 grader.
b) Bryn nötkött och lök i en stekpanna tills köttet är klart.
c) Rör ner krossade tomater och kryddor i nötkött och lök.
d) Sjud på medelhög värme i 5 minuter, rör om då och då.
e) Lägg nötköttblandningen i en smord, djup 9-tums pajform eller rund ugnsform.
f) Lägg individuellt tillplattade halvmånar ovanpå, placera den smala spetsen i mitten, sträck ut den nedre kanten av halvmånedegtriangeln till utsidan av pannan.
g) Överlappa degen om det behövs.
h) Grädda 15 minuter, eller tills skorpan är gyllenbrun.

84.Sydväst Gryta

INGREDIENSER:
- 1 pund nötfärs, brynt och avrunnen
- 2 burkar (8 uns vardera) tomatsås
- 1 burk (12–15 uns) hel majskärna, avrunnen
- 1 kuvert tacokrydda
- 10 medelstort mjöltortillas i gordita-stil
- 1 burk (10,75 ounces) gräddsellerisoppa, kondenserad
- ¾ kopp mjölk
- 1-½ koppar riven cheddar eller mexikansk ost

INSTRUKTIONER:
a) Värm ugnen till 350 grader.
b) I en skål, kombinera kokt nötkött, tomatsås, majs och tacokrydda. Använd 6 tortillas för att täcka botten och sidorna av en smord 9x13-tums panna.
c) Fördela köttblandningen över tortillorna. Använd återstående tortillas för att täcka köttblandningen, skär så att det passar om det behövs.
d) Blanda soppa och mjölk och häll över tortillas. Strö ost över toppen.
e) Grädda 20–25 minuter, eller tills kanterna blir gyllenbruna.

85. Tater Tot gryta

INGREDIENSER:

- 1 pund nötfärs
- 1 medelstor lök, hackad
- 2 burkar (10,75 uns vardera) grädde svamp, kondenserad
- 1 burk (14,5 ounces) hel majskärna, avrunnen
- 1 dl riven cheddarost
- 1 paket (27–32 ounces) frysta tatertots

INSTRUKTIONER:

a) Värm ugnen till 350 grader.
b) Bryn nötkött och lök i en stekpanna tills köttet är klart. Tappa ur allt överflödigt fett.
c) Placera nötköttblandningen i botten av en smord 9x13-tums panna.
d) Sked 1 burk soppa över toppen. Strö majs och ost över soppskiktet.
e) Täck med tater tots.
f) Fördela återstående burk soppa över tater tots. Grädda 40 minuter.

FISK- OCH SKJUDSGRYTOR

86. Tonfisk–Tater Tot gryta

INGREDIENSER:
- 1 paket (32 uns) frysta tatertots
- 1 burk (6 uns) tonfisk, avrunnen
- 1 burk (10,75 ounces) grädde kycklingsoppa, kondenserad
- ½ kopp mjölk
- 1 ½ dl riven cheddarost

INSTRUKTIONER:
a) Värm ugnen till 350 grader.
b) Placera tater tots i en smord 2-quarts ugnsform.
c) Blanda tonfisk, soppa och mjölk.
d) Häll över tater tots och strö sedan över ost. Täck och grädda 1 timme.

87.Traditionell tonfiskgryta

INGREDIENSER:

- 1 påse (12 uns) äggnudlar
- 1 burk (10,75 ounces) grädde svampsoppa, kondenserad
- ½ kopp mjölk
- 1 burk (6 uns) tonfisk, avrunnen
- 2 dl riven cheddarost
- ½ kopp krossad cheddar och gräddfil potatischips

INSTRUKTIONER:

a) Värm ugnen till 400 grader.
b) Koka nudlarna enligt anvisningarna på förpackningen och låt rinna av. Rör soppa, mjölk, tonfisk och ost till nudlar.
c) Fördela nudelblandningen i en smord 2-quarts ugnsform.
d) Grädda 15 minuter. Toppa med krossade chips och grädda 3–5 minuter till.

88.Senap Lax gryta

INGREDIENSER:
- 2 vispade ägg
- ⅔ kopp helmjölk
- ½ kopp gräddfil
- ¾ kopp torrt ströbröd
- 1 tsk skaldjurskrydda
- ½ tsk citronpepparkrydda
- ¼ tesked torkad dill
- 3 dl kokt flingad lax
- 3 msk. hackad selleri
- 2 msk. hackad lök
- 4 ½ tsk citronsaft
- 1 ⅓ koppar majonnäs
- 1 msk. beredd senap (använd din favorit)
- 1 äggvita
- 2 msk. finhackad färsk persilja

INSTRUKTIONER:
a) Tillsätt ägg, mjölk och gräddfil i en stor skål. Vispa tills det blandas. Tillsätt ströbröd, skaldjurskrydda, citronpepparkrydda och dill. Vispa tills det blandas. Tillsätt lax, selleri, lök och citronsaft. Rör om tills det blandas.
b) Spraya en 11 x 7 ugnsform med non-stick matlagningsspray. Häll ner grytan i ugnsformen. Värm ugnen till 350°. Grädda i 25 minuter eller tills en kniv som sticks in i mitten av grytan kommer ut ren.

c) Medan grytan kokar, tillsätt majonnäs och senap i en liten skål. Rör om tills det blandas. Tillsätt äggvitan i en liten skål. Vispa ägget
d) vit tills stela toppar bildas. Vänd försiktigt ner majonnäsblandningen. Bred ut över grytan. Grädda i 10-13 minuter eller tills toppingen puffar och är lätt brynt. Ta ut ur ugnen och strö persiljan över toppen.

89.Laxmiddagsgryta

INGREDIENSER:
- ⅓ kopp hackad grön paprika
- 3 msk. hackad lök
- 2 msk. vegetabilisk olja
- ¼ kopp universalmjöl
- ½ tsk salt
- 1 ½ dl helmjölk
- 10,75 uns burk grädde av selleri soppa
- 6 uns förp. benfri skinnfri rosa lax
- 1 kopp frysta gröna ärtor
- 2 tsk citronsaft
- 8 ct. burk kylda halvmånerullar

INSTRUKTIONER:
a) Tillsätt grön paprika, lök och vegetabilisk olja i en stor stekpanna på medelvärme. Fräs i 5 minuter. Tillsätt allsidigt mjöl och salt i stekpannan. Rör hela tiden och koka i 1 minut. Under ständig omrörning tillsätt långsamt mjölken.

b) Fortsätt att röra och koka i 2-3 minuter eller tills såsen tjocknar och bubblar. Ta av stekpannan från värmen.

c) Tillsätt grädden av sellerisoppa, lax, gröna ärtor och citronsaft i stekpannan. Rör om tills det blandas och häll upp i en 11 x 7 ugnsform. Värm ugnen till 375°.

d) Ta bort halvmånedegen från burken. Rulla inte ut degen. Skär degen i 8 skivor och lägg över toppen av grytan.

e) Grädda i 12-15 minuter eller tills halvmåneskorpan är gyllenbrun och grytan het. Ta ut ur ugnen och servera.

90.Bayou skaldjursgryta

INGREDIENSER:
- 8 uns färskost, i tärningar
- 4 msk. osaltat smör
- 1 ½ dl hackad lök
- 2 revbenselleri, hackade
- 1 stor grön paprika, hackad
- 1 pund kokta medelstora räkor, skalade och deveirade
- 2 burkar avrunnat & flingat krabbkött, 6 ounces storlek
- 10,75 uns burk grädde av svampsoppa
- ¾ kopp kokt ris
- 4 uns burk skivad svamp, avrunnen
- 1 tsk vitlökssalt
- ¾ tsk Tabascosås
- ½ tsk cayennepeppar
- ¾ kopp strimlad cheddarost
- ½ kopp krossade Ritz-kex

INSTRUKTIONER:
a) Värm ugnen till 350°. Spraya en 2 liters ugnsform med non-stick matlagningsspray. Tillsätt färskosten och 2 msk smör i en liten kastrull på låg värme.
b) Rör hela tiden och koka tills färskosten och smöret smält. Ta kastrullen från värmen.
c) I en stor stekpanna på medelvärme, tillsätt lök, selleri, grön paprika och 2 msk smör. Fräs i 6 minuter eller tills grönsakerna är mjuka.
d) Tillsätt räkor, krabba, svampsoppa, ris, champinjoner, vitlökssalt, tabascosås, cayennepeppar och färskostblandning. Rör om tills det blandas. Ta av kastrullen från värmen och häll ner i ugnsformen.
e) Strö cheddarost och Ritz-kex över toppen av grytan.
f) Grädda i 25 minuter eller tills grytan är varm och bubblig. Ta ut ur ugnen och servera.

91.Krämig skaldjursgryta

INGREDIENSER:
- 1 pund flundrafiléer, skurna i 1" bitar
- 1 pund råa medelstora räkor, skalade och deveirade
- 10,75 uns burk grädde av räksoppa
- ¼ kopp helmjölk
- 1 kopp krossade Ritz-kex
- ¼ kopp riven parmesanost
- 1 tsk paprika
- 2 msk. smält osaltat smör

INSTRUKTIONER:
a) Värm ugnen till 350°. Spraya en 11 x 7 ugnsform med non-stick matlagningsspray. Lägg flundrabitarna och räkorna i en ugnsform.

b) Tillsätt grädden av räksoppa och mjölk i en mixerskål. Rör om tills det blandas och fördela över toppen av fisken och räkorna.

c) Tillsätt Ritz-kex, parmesanost, paprika och smör i en liten skål. Rör om tills det blandas och strö över toppen av grytan.

d) Grädda i 25 minuter eller tills fisken lätt flagnar med en gaffel och räkorna blir rosa.

e) Ta ut ur ugnen och servera.

92. Hälleflundragryta

INGREDIENSER:
- 5 msk. osaltat smör
- ¼ kopp universalmjöl
- ½ tsk salt
- ⅛ tesked vitpeppar
- 1 ½ dl helmjölk
- 1 dl hackad grön paprika
- 1 dl hackad lök
- 2 koppar kokt hälleflundra, i tärningar
- 3 hårdkokta ägg, hackade
- 2 uns burk tärnade röda pimentos, avrunnen
- ⅓ kopp strimlad cheddarost

INSTRUKTIONER:
a) Tillsätt 4 matskedar smör i en stor kastrull på medelvärme. När smöret smält, tillsätt universalmjölet, salt och vitpeppar.
b) Rör hela tiden och koka i 1 minut. Under ständig omrörning tillsätt långsamt mjölken. Fortsätt att röra och koka ca 2 minuter eller tills såsen tjocknar. Ta kastrullen från värmen och lägg ett lock på kastrullen.
c) Värm ugnen till 375°. Spraya en 1 ½ liters gryta med non-stick matlagningsspray. Tillsätt 1 msk smör i en liten stekpanna på medelvärme. När smöret smält, tillsätt den gröna paprikan och löken.
d) Fräs i 5 minuter eller tills grönsakerna är mjuka. Ta av från värmen och lägg till såsen.
e) Tillsätt hälleflundran, kokta ägg och röda pimentos i såsen. Rör om tills det blandas och häll ner i grytformen.
f) Strö cheddarost över toppen av grytan.
g) Grädda i 15-20 minuter eller tills grytan är varm och bubblig.
h) Ta ut ur ugnen och servera.

93.Bakad Sole & Spenat gryta

INGREDIENSER:
- 16 dl vatten
- 8 uns förp. äggnudlar
- 3 msk. osaltat smör
- 3 msk. mjöl för alla ändamål
- 3 dl helmjölk
- 1 ½ dl riven cheddarost
- 1 msk. citron juice
- 1 tsk salt
- 1 tsk mald senap
- 1 tsk Worcestershiresås
- ⅛ tesked mald muskotnöt
- ⅛ tesked svartpeppar
- 2 förp. tinad och pressad torr fryst spenat, 10 ounces storlek
- 1 ½ pund tunga filéer
- ¼ kopp rostade mandelskivor

INSTRUKTIONER:

a) Tillsätt vattnet i en stor kastrull på medelvärme. När vattnet kokar, rör ner äggnudlarna. Koka i 6 minuter eller tills nudlarna är mjuka. Ta kastrullen från värmen och rinna av allt vatten från nudlarna.

b) Tillsätt smöret i en stor kastrull på medelvärme. När smöret smält, rör ner universalmjölet. Rör hela tiden och koka i 1 minut.

c) Under ständig omrörning tillsätt långsamt mjölken.

d) Fortsätt att röra och koka i 2 minuter eller tills såsen tjocknar och bubblar.

e) Tillsätt 1 kopp cheddarost, citronsaft, salt, mald senap, Worcestershiresås, muskotnöt och svartpeppar i pannan. Rör om tills det blandas och osten smälter.

f) Tillsätt nudlarna i såsen. Rör om tills det blandas. Ta bort hälften av såsen och lägg i en skål.

g) Värm ugnen till 375°. Spraya en 9 x 13 bakplåt med non-stick matlagningsspray. Häll resterande sås i bakformen. Lägg spenaten över såsen i bakformen. Lägg tungafiléerna ovanpå.

h) Fördela den reserverade ostsåsen över toppen. Strö mandeln över såsen.

i) Grädda i 30 minuter eller tills grytan är bubblig och tungan lätt flagnar med en gaffel. Ta ut ur ugnen och servera.

94. Majs & Fish Stick gryta

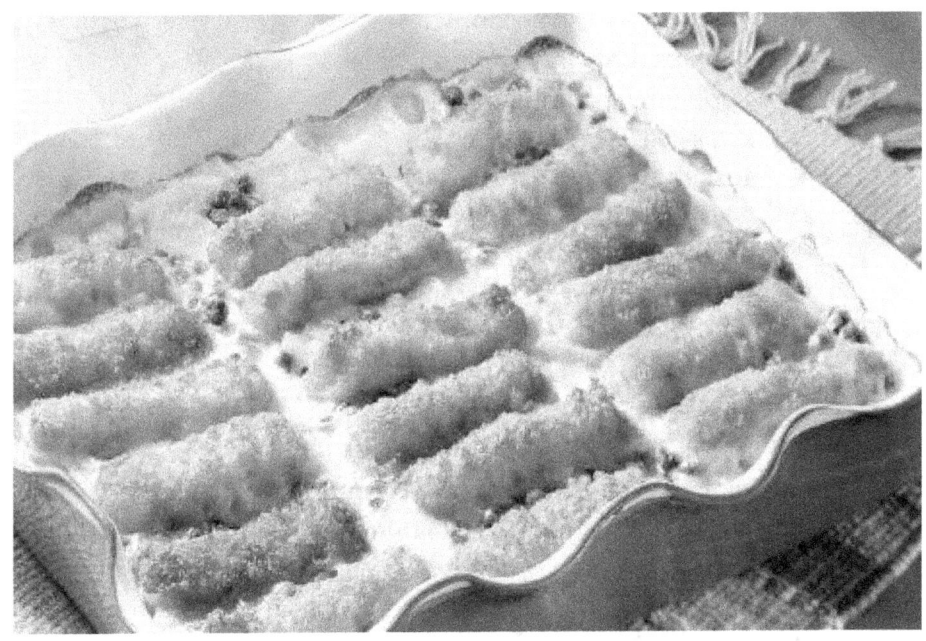

INGREDIENSER:

- ¼ kopp hackad lök
- ¼ kopp hackad grön paprika
- ¼ kopp osaltat smör, i tärningar
- ¼ kopp universalmjöl
- 1 ½ tsk salt
- ¼ tesked svartpeppar
- 2 tsk strösocker
- 2 burkar stuvade tomater, 14 uns storlek
- 2 förp. tinad fryst hel kärnmajs, 10 uns storlek
- 24 uns förp. frysta fiskpinnar

INSTRUKTIONER:

a) Värm ugnen till 350°. Spraya två 11 x 7 bakformar med non-stick matlagningsspray. I en stor stekpanna på medelvärme, tillsätt lök, grön paprika och smör. Fräs i 4 minuter.

b) Tillsätt allsidigt mjöl, salt, svartpeppar och strösocker i stekpannan. Rör hela tiden och koka i 1 minut. Tillsätt tomaterna med juice i stekpannan. Rör hela tiden och koka i 2-3 minuter eller tills såsen tjocknar och bubblar. Ta av stekpannan från värmen och tillsätt majsen. Rör om tills det blandas. Skeda i bakformarna.

c) Lägg fiskpinnarna över toppen av grytan. Täck skålarna med aluminiumfolie. Grädda i 25 minuter. Ta bort aluminiumfolien. Grädda i 15 minuter eller tills fiskpinnarna är gyllenbruna och grytan het och bubblig.

d) Ta ut ur ugnen och servera.

95. Ostrongryta

INGREDIENSER:
- 1 liter shucked ostron
- 2 dl hackad lök
- 1 ½ dl hackad selleri
- ¾ kopp osaltat smör
- ½ kopp universalmjöl
- 2 koppar halv och halv grädde
- 2 tsk finhackad färsk persilja
- 1 tsk salt
- ½ tsk torkad timjan
- ¼ tesked svartpeppar
- ⅛ tesked cayennepeppar
- 4 vispade äggulor
- 2 koppar krossade Ritz-kex

INSTRUKTIONER:

a) Häll av ostronen men spara spriten från ostronen i en liten skål. Tillsätt lök, selleri och ½ kopp smör i en stor kastrull på medelvärme. Fräs i 6 minuter eller tills grönsakerna är mjuka.

b) Tillsätt allsidigt mjöl i pannan. Rör hela tiden och koka i 1 minut. Under ständig omrörning, tillsätt långsamt halv och halv grädde. Fortsätt att röra och koka ca 2 minuter eller tills såsen tjocknar och bubblar.

c) Sänk värmen till låg. Tillsätt persilja, salt, timjan, svartpeppar, cayennepeppar och reserverad ostronvätska. Rör hela tiden och koka i 2 minuter. Tillsätt de vispade äggulorna i en liten skål. Tillsätt 1 msk sås till äggen. Vispa tills det blandas. Tillsätt ytterligare en matsked sås till äggulorna.

d) Vispa tills det blandas. Tillsätt äggulorna i pannan och rör om tills det blandas. Ta kastrullen från värmen.

e) Spraya en 9 x 13 bakplåt med non-stick matlagningsspray. Värm ugnen till 400°. Bred ut hälften av såsen i bakformen.

f) Fördela hälften av ostronen över såsen. Strö hälften av Ritz-kexen över toppen. Upprepa skiktningsstegen en gång till.

g) Tillsätt ¼ kopp smör i en skål som kan användas i mikrovågsugn. Mikrovågsugn i 30 sekunder eller tills smöret smält. Ta bort från mikrovågsugnen och ringla smöret över toppen av kexsmulorna. Grädda i 25 minuter eller tills grytan är bubblig och gyllenbrun.

h) Ta ut ur ugnen och låt grytan vila i 10 minuter innan servering.

96.Räkkreolsk gryta

INGREDIENSER:

- 2 msk. olivolja
- 1 ½ dl hackad grön paprika
- 1 dl hackad lök
- ⅔ kopp hackad selleri
- 2 vitlöksklyftor, hackade
- 1 kopp torrt långkornigt ris
- 14 uns kan tärnade tomater
- 2 tsk Tabascosås
- 1 tsk torkad oregano
- ¾ tesked salt
- ½ tsk torkad timjan
- Svartpeppar efter smak
- 1 pund medium färska räkor, skalade och deveirade
- 1 msk. färsk hackad persilja

INSTRUKTIONER:

a) Värm ugnen till 325°. Tillsätt olivoljan i en stor stekpanna på medelhög värme. När oljan är varm, tillsätt grön paprika, lök, selleri och vitlök. Fräs i 5 minuter. Tillsätt riset i stekpannan. Fräs i 5 minuter.
b) Häll av tomaterna men spara vätskan. Tillsätt vatten till tomatvätskan till lika med 1 ¾ koppar. Tillsätt tomater, tomatvätska, tabascosås, oregano, salt, timjan och svartpeppar efter smak i stekpannan.
c) Rör om tills det blandas och koka i 2 minuter. Ta kastrullen från värmen och rör ner räkorna.
d) Häll upp grytan i en 2 ½ liters ugnsform. Täck formen med aluminiumfolie. Grädda i 50-55 minuter eller tills riset är mört.
e) Ta ut formen från ugnen och strö persiljan över toppen.

97. Skaldjursgratänggryta

INGREDIENSER:
- 8 uns kokta medelstora räkor, skalade och deveirade
- 8 uns kokt krabbkött
- 8 uns kokt tunga, hackad
- 8 uns kokt hummer, hackad
- 2 msk. osaltat smör
- 2 msk. mjöl för alla ändamål
- ½ kopp helmjölk
- ¼ kopp riven parmesanost
- ½ kopp Coca cola
- 2 msk. panko brödsmulor

INSTRUKTIONER:
a) Värm ugnen till 325°. Spraya en 2 liters ugnsform med non-stick matlagningsspray. Tillsätt räkor, krabba, tunga och hummer i ugnsformen. Tillsätt smöret i en stekpanna på medelvärme.
b) När smöret smält, tillsätt universalmjölet. Rör hela tiden och koka i 1 minut.
c) Under ständig omrörning, tillsätt långsamt mjölken och parmesanosten. Rör hela tiden och koka i 3 minuter eller tills såsen tjocknar och bubblar.
d) Ta kastrullen från värmen och rör ner Coca Cola. Bred såsen över skaldjuren i ugnsformen. Strö ströbrödet över toppen.
e) Grädda i 20 minuter eller tills grytan är varm och bubblig. Ta ut ur ugnen och svalna i 5 minuter innan servering.

SÖTA GRYTOR

98. Jordgubbsmördegskaka

INGREDIENSER:

- 3 ½ koppar tung grädde
- 16 uns mascarponekräm, vid rumstemperatur ½ kopp plus 2 msk. florsocker
- 2 tsk vaniljextrakt
- ¼ tesked salt
- 90 mördegskakor
- 2 pund färska jordgubbar, skalade och skivade
- 1 banan, skalad och skivad

INSTRUKTIONER:

a) Tillsätt den tunga grädden, mascarponegrädden, strösockret, vaniljextraktet och saltet i en mixerskål. Använd en mixer på medelhastighet och vispa tills du nästan har styva toppar. Krämen ska vara fast men ändå bredbar.

b) Bred ut ett tunt lager av grädden i botten av en 9 x 13 långpanna. Lägg ett lager mördegskakor över grädden. Bred ¼ av den återstående grädden över kakorna. Lägg ⅓ av jordgubbarna över grädden. Lägg ytterligare ett lager kakor över jordgubbarna.

c) Bred ytterligare ett lager grädde över kakorna. Lägg ytterligare ⅓ av jordgubbarna över grädden. Lägg ytterligare ett lager kakor över jordgubbarna. Upprepa skiktningsstegen en gång till.

d) Lägg bananskivorna ovanpå. Bred resterande grädde över grytan. Täck pannan med plastfolie. Kyl minst 6 timmar före servering.

99.Chokladbit Bananpannkaksgryta

INGREDIENSER:
- 4 ägg
- 1 kopp tung grädde
- ¼ kopp lönnsirap
- 1 tsk vaniljextrakt
- 40 frysta miniatyrpannkakor, tinade
- 2 bananer, skalade och tunt skivade
- ¾ kopp miniatyrchokladchips
- Pudersocker efter smak

INSTRUKTIONER:

a) Spraya en 9" rund kakform med non-stick matlagningsspray. Tillsätt ägg, grädde, lönnsirap och vaniljextrakt i en mixerskål. Vispa tills det blandas. Lägg hälften av pannkakorna i kakformen.

b) Lägg hälften av bananskivorna över pannkakorna. Strö hälften av chokladbitarna över pannkakorna. Häll hälften av äggblandningen över toppen. Upprepa skiktningsstegen en gång till.

c) Täck pannan med aluminiumfolie. Kyl i 2 timmar. Ta ut från kylen och låt grytan stå i rumstemperatur i 30 minuter. Värm ugnen till 350°. Grädda i 30 minuter. Ta bort aluminiumfolien från pannan.

d) Grädda i 5-10 minuter eller tills grytan stelnat och pannkakorna varma.

e) Ta ut ur ugnen och pudra med strösocker efter smak.

100. Smores gryta

INGREDIENSER:

- 2 ark frysta smördeg, tinade
- 1 pund färskost, mjukad
- 1 kopp strösocker
- 7 uns burk marshmallow creme
- 9 grahams kex
- 6 msk. smält osaltat smör
- 1 kopp halvsöt chokladchips
- 2 koppar miniatyrmarshmallows

INSTRUKTIONER:

a) Värm ugnen till 375°. Spraya lätt en 9 x 13 bakplåt med non-stick matlagningsspray. Rulla 1 plåt smördeg som är tillräckligt stor för att passa botten av bakformen. Lägg smördegen i botten av formen. Nagga över hela smördegen med en gaffel.

b) Grädda i 4 minuter. Ta ut ur ugnen och svalna helt innan du fyller på.

c) Tillsätt färskosten och ¾ kopp strösocker i en mixerskål. Använd en mixer på medelhastighet, vispa tills det är slätt och blandat. Tillsätt marshmallowcremen i skålen. Blanda tills det blandas och bred över smördegen i pannan.

d) Krossa grahamsbrödet till smulor i en liten skål. Tillsätt 2 msk strösocker och 3 msk smör i skålen. Rör om tills det blandas och strö över toppen av gräddfyllningen.

e) Strö chokladchips och miniatyrmarshmallows över toppen. Rulla det andra arket smördeg stort nog att täcka toppen.

f) Pricka degen överallt med en gaffel och lägg ovanpå grytan. Pensla 3 msk smör över toppen av smördegen. Strö resterande strösocker över toppen.

g) Grädda i 12-15 minuter eller tills smördegen är svälld och gyllenbrun.

h) Ta ut ur ugnen och svalna i 5 minuter innan servering.

SLUTSATS

När vi avslutar vår resa genom " Den Snabba Fix Kasserolkokboken ", hoppas vi att du har upptäckt glädjen och bekvämligheten med att förbereda utsökt komfortmat med lätthet. Grytor har ett speciellt sätt att föra människor samman, vare sig det är runt middagsbordet med familjen eller på en potluck med vänner. När du fortsätter att utforska världen av grytmatlagning, kan varje recept du provar föra dig närmare de enkla nöjena med hemlagade måltider och omhuldade minnen.

När de sista sidorna i den här kokboken vänds och dofterna av bakat godsaker hänger kvar i ditt kök, vet att resan inte slutar här. Experimentera med nya ingredienser, skräddarsy recept för att passa dina smakpreferenser och omfamna glädjen att dela utsökta måltider med dem du älskar. Och när du befinner dig i behov av en snabb och tröstande måltid, kommer " Den Snabba Fix Kasserolkokboken " att finnas här, redo att guida dig på dina kulinariska äventyr.

Tack för att du följde med oss på denna smakrika resa genom en värld av grytor. Må ditt kök fyllas med de tröstande aromerna av bakverk, ditt bord med nära och käras skratt och ditt hjärta med värmen från hemlagade måltider. Tills vi ses igen, glad matlagning och god aptit!

www.ingramcontent.com/pod-product-compliance
Lightning Source LLC
Chambersburg PA
CBHW070036140526
PP18296000001B/3